Minceur express
en 140 recettes

Catherine Poggi
Diététicienne-nutritionniste

Directrice d'Ouvrage : Florence Le Bras

FIRST
Editions

Légende des pictos

.. Nombre de personnes
.. Temps de préparation
.. Temps de cuisson
.. Temps de repos
.. Trempage/marinade
.. Temps de réfrigération
.. Temps de congélation

ISBN : 978-2-7540-5835-3
Dépôt légal : février 2014
Imprimé en Italie

Direction éditoriale : Aurélie Starckmann
Édition : Charlotte Becchio
Correction : Christine Cameau
Mise en page : Olivier Frenot
Couverture : Joséphine Cormier

Éditions First, un département d'Édi8
12, avenue d'Italie
75013 Paris – France
Tél. : 01 44 16 09 00
Fax : 01 44 16 09 01
E-mail : firstinfo@efirst.com

Site internet : www.editionsfirst.fr

Introduction

On peut très bien se régaler en faisant attention à sa ligne, à sa santé et sans perdre de temps. Vous n'y croyez pas? Je vous en fais ici la démonstration très concrète avec cette petite sélection de 140 recettes originales ou classiques, revues et corrigées avec mon expérience de diététicienne. En moins d'une demi-heure, néophyte ou cordon-bleu, vous découvrirez le plaisir de savourer des plats sains sans avoir passé des heures à la cuisine.

Préparez le terrain!

Qui dit rapide, dit efficace. Il vous faut quelques bons ustensiles bien choisis et quelques petites réserves culinaires astucieuses...

Côté ustensiles

Même s'ils ne sont pas tous indispensables, il faut avouer qu'ils peuvent grandement vous simplifier la vie, et c'est un investissement que je considère comme rentable:

- La râpe: utile pour les petites quantités,

- Le robot : indispensable pour les grandes quantités (pour émincer, râper, hacher, mixer…),
- Le mixeur plongeant : simple et pratique pour faire des purées, soupes, etc. (permet de mixer directement vos légumes dans la casserole où ils ont cuit),
- Les ciseaux de cuisine : pour ciseler le persil, la ciboulette et toutes les autres herbes,
- Le presse-purée : pour écraser les légumes cuits (petites quantités).

Et puis aussi :

- Un épluche-légumes ou un économe,
- Une passoire,
- Une planche à découper,
- Une louche,
- Une écumoire,
- Des spatules en bois,
- Un fouet,
- Un verre doseur,
- Du papier absorbant,
- Du papier cuisson.

Côté réserves culinaires

Si, par hasard, vous ne les avez pas déjà dans vos placards ou votre congélateur, je vous suggère de faire un petit détour par le supermarché ou l'épicier du coin avec cette liste en main (pour un début, inutile d'en prendre un stock trop conséquent, vous verrez à l'usage ce que vous consommez le plus).

Voici les alliés d'une cuisine réussie :

- Des fines herbes : persil, ciboulette, basilic, coriandre… coupés, surgelés,
- Des aromates : ail, échalote, oignon émincés, surgelés,
- Des fruits surgelés : framboises, fraises…,
- Du jus de citron vert et jaune en bouteille,
- De la pulpe de tomates en conserves ou en briques,
- Des bouillons de légumes,
- Des épices en poudre : cumin, curry, curcuma, gingembre, safran, thym, noix muscade, cannelle…,
- Des câpres, des cornichons, de la sauce soja.

Quelques conseils pratiques

Avant de passer en cuisine, permettez-moi de vous donner quelques petits conseils pratiques pour éviter de perdre du temps.

Pour les ustensiles

Préparez vos ustensiles à l'avance pour les avoir à portée de main. Utilisez poêle, cocotte ou sauteuse à revêtement antiadhésif, qui évitent pratiquement l'ajout de matière grasse (et donc de calories !).

- Le wok est un ustensile intéressant à avoir dans son placard : le feu est vif, mais la cuisson rapide, les légumes restent croquants, on perd peu de vitamines et de minéraux ;
- Le cuit-vapeur est idéal pour une cuisine légère, facile, et qui préserve les valeurs nutritionnelles ;
- L'autocuiseur permet aussi de cuire à la vapeur avec des temps de cuisson très réduits.

Pour la vinaigrette

Vous pouvez préparer vos vinaigrettes à l'avance et les conserver quelques jours au réfrigérateur dans un bocal hermétiquement fermé. Voilà quelques minutes gagnées chaque jour !

Côté cuisson

Il ne faut pas trop cuire les aliments pour préserver leur valeur nutritionnelle. N'oubliez pas que plus les aliments sont coupés menus, moins la cuisson est longue. Un blanc de poulet émincé, un filet de poisson coupé en lanières ne nécessitent que 3 ou 4 minutes de cuisson. On gagne ainsi sur les deux plans : temps et apport nutritionnel.

- La vapeur douce est à la fois une cuisson rapide et facile. La température inférieure à 100 °C permet une bonne conservation des vitamines et minéraux et, après cuisson, utilisez un peu d'huile, d'aromates, d'herbes, et d'épices pour donner plus de goût ;
- La cuisson à l'étouffée consiste à faire cuire les aliments à petit feu à couvert, de façon à se servir le plus possible de leur jus comme liquide de cuisson. Une cuisson trop longue favorise la perte nutritionnelle : préférez les légumes encore croquants ;
- Dans la cuisine au wok, le temps de cuisson est court, les légumes restent croquants ;
- Préchauffez le four ou l'eau du cuit-vapeur pendant que vous préparez les aliments.

On passe en cuisine ?

Aubergines et tomates grillées à la vinaigrette

ÉNERGIE 125 Kcal/personne

4 · 10 min · 20 min

500 g d'aubergines • 500 g de tomates olivettes • 3 cuil. à soupe d'huile d'olive • 1 cuil. à soupe de vinaigre de vin rouge • 1 gousse d'ail • 18 feuilles de basilic • sel • poivre du moulin

❶ Préchauffez le four à 240 °C (th. 8). Lavez et essuyez les aubergines et les tomates. Coupez-les en tranches d'1 cm d'épaisseur. ❷ Déposez-les en une seule couche sur une plaque antiadhésive ; badigeonnez-les au pinceau avec 1 cuillerée à soupe d'huile. Salez et poivrez. Enfournez, 20 minutes, jusqu'à ce que les aubergines soient tendres. Laissez tiédir. ❸ Pendant ce temps, pressez l'ail dans un bol. Ajoutez 2 cuillerées à soupe d'huile et le vinaigre, mélangez. ❹ Disposez les tranches de tomates et d'aubergines sur les assiettes en les faisant se chevaucher et intercalez des feuilles de basilic. Arrosez de vinaigrette.

Avocats au sel de Guérande

ÉNERGIE 137 Kcal/personne

4 — 5 min

2 avocats bien mûrs • sel de Guérande • mélange cinq-baies • quelques brins d'aneth ou de persil

❶ Coupez les avocats en 2. Retirez les noyaux. ❷ Saupoudrez chaque moitié d'avocat de sel de Guérande et de mélange cinq-baies. ❸ Décorez de brins d'aneth ou de persil et servez.

Avocats au thon

ÉNERGIE 153 Kcal/personne

4 — 10 min

2 avocats • 1 yaourt nature à 0 % de MG • 1 boîte de 140 g de thon au naturel • 1 cuil. à soupe de moutarde • 1 jaune d'œuf • 1 branche de persil • 1 cuil. à soupe de paprika • sel • poivre

❶ Coupez les avocats en 2 et retirez les noyaux. Évidez-les avec une petite cuillère. ❷ Mixez la chair des avocats avec le thon, la moutarde, le yaourt, le jaune d'œuf. Ajoutez du sel et du poivre. ❸ Répartissez cette mousse dans

4 verrines. Saupoudrez de persil haché et de paprika. Servez très frais.

Avocat et pamplemousse à l'aneth

ENERGIE 74 Kcal/ personne

4 10 min

2 pamplemousses • 2 avocats bien mûrs • 4 branches d'aneth • fleur de sel • poivre

❶ Ouvrez les pamplemousses en 2 en recueillant leur jus. Détachez les quartiers. ❷ Coupez les avocats en 2 dans le sens de la longueur. Retirez les noyaux et détachez la peau. Taillez des lamelles d'avocats et disposez-les sur des assiettes en forme de pétales de fleur. ❸ Arrosez du jus de pamplemousse recueilli. Garnissez le centre des assiettes avec les quartiers de pamplemousse. Salez et poivrez. Décorez avec les brins d'aneth.

Bricks poireaux-bacon

ÉNERGIE 263 Kcal/personne

4 | 20 min | 10 min

4 blancs de poireau • 200 g de bacon • 100 g de ricotta • 2 cuil. à soupe d'huile d'olive • 60 g de comté râpé • 4 feuilles de brick • 1 gousse d'ail • 12 brins de ciboulette • 1 branche de persil • 2 jaunes d'œufs • sel • poivre du moulin

❶ Préchauffez le four à 220 °C (th. 7-8). Pelez et émincez la gousse d'ail. Lavez les blancs de poireaux et coupez-les en fines rondelles. Faites-les revenir pendant 5 minutes dans une poêle avec l'huile d'olive. ❷ Coupez le bacon en petits dés, ajoutez-les aux poireaux avec l'ail et poursuivez la cuisson 2 minutes, poivrez et salez légèrement. ❸ Hachez le persil, ciselez la ciboulette. Dans un bol, mélangez la ricotta avec le persil haché et la ciboulette ciselée, ajoutez le fromage râpé et le mélange poireaux-bacon. Mélangez bien. ❹ Recouvrez une plaque allant au four de papier cuisson. Étalez les 4 feuilles de brick sur un plan de travail. Farcissez-les avec le mélange. Pliez-les en triangles. ❺ Utilisez un pinceau pour les badigeonner de jaune d'œuf battu. Déposez les bricks sur la plaque, enfournez pour environ 10 minutes. Servez chaud ou tiède.

Servez ces bricks avec une salade verte.

Citrons farcis aux sardines

4 — 15 min

ÉNERGIE 194 Kcal/personne

4 citrons non traités • 2 boîtes de sardines à l'huile • 100 g d'olives vertes dénoyautées • 1 bouquet de ciboulette • 1 bouquet de persil • sel • poivre du moulin

❶ Coupez un chapeau sur le dessus des citrons, aux ⅔ de leur hauteur. Coupez aussi une petite tranche de peau à leur base afin qu'ils tiennent droits sur les assiettes. Pressez-les et évidez-les. Réservez le jus. ❷ Lavez et hachez la ciboulette et le persil. Hachez les olives. Écrasez les sardines à la fourchette et mélangez-les avec les herbes, les olives et le jus de citron, salez, poivrez. ❸ Garnissez les citrons de cette préparation, déposez-les sur des assiettes. Servez frais.

Endives au saumon

ENERGIE 86 Kcal/ personne

4 | 8 min

4 endives • 2 tranches de saumon fumé • 15 cl de crème fraîche allégée à 4 % de MG • 2 cuil. à soupe de ketchup • 4 pincées de safran • 1 branche d'aneth • sel

❶ Lavez et essuyez les endives, retirez les feuilles flétries et coupez l'extrémité amère. Effeuillez-les et disposez les feuilles en étoile sur un plat. ❷ Coupez les tranches de saumon en lanières de 2 cm de largeur et répartissez-les sur les feuilles d'endive. ❸ Préparez la sauce en mélangeant la crème allégée, le ketchup, un peu de sel et le safran. Arrosez la salade de sauce et parsemez de quelques brins d'aneth.

Gaspacho

4 · 15 min · 2 h

ÉNERGIE 69 Kcal/personne

1 concombre • 2 poivrons verts • 3 tomates • 1 oignon • 2 gousses d'ail • 3 cuil. à soupe de vinaigre de vin • 2 cuil. à soupe d'huile d'olive • sel • poivre du moulin
Pour l'accompagnement : 1 poivron vert • ½ concombre • 1 tomate

❶ Pelez le concombre et retirez les graines. Coupez-le en morceaux. Pelez et épépinez les tomates et les poivrons. Coupez les premières en quartiers, les seconds en lanières. Épluchez et émincez l'oignon et l'ail. ❷ Placez tous ces légumes dans le bol d'un mixeur, ajoutez 2 verres d'eau et mixez. Incorporez le vinaigre et l'huile. Salez et poivrez. ❸ Répartissez le gaspacho dans 4 verres, placez au réfrigérateur pendant au moins 2 heures. ❹ Préparez l'accompagnement : coupez en petits dés la tomate, le demi-concombre et le poivron. Présentez ces légumes en coupelles avec les verres de gaspacho.

Millefeuilles de bresaola et brocoli

ÉNERGIE 101 Kcal/ personne

4 — 15 min — 15 min

12 tranches de bresaola • ½ tête de brocoli • 25 g de beurre allégé • sel • poivre du moulin

❶ Détaillez le brocoli en petits bouquets, faites-les cuire à la vapeur. Laissez refroidir. ❷ Faites fondre le beurre. Placez le brocoli dans le bol d'un mixeur avec le beurre fondu. Salez et poivrez. Mixez le tout. ❸ Dans chaque assiette, posez 1 tranche de bresaola, tartinez-la d'une couche de purée de brocoli, déposez dessus 1 tranche de bresaola, une autre couche de purée de brocoli et terminez par 1 tranche de bresaola. Servez bien frais.

Mousse de betteraves au thon

ÉNERGIE 39 Kcal/ personne

4 · 10 min

4 betteraves rouges cuites • 1 petite boîte de miettes de thon • 2 cuil. à soupe de crème fraîche épaisse à 15 % de MG • 2 cuil. à soupe d'échalotes hachées surgelées • 1 cuil. à café de moutarde • sel • poivre

❶ Pelez les betteraves rouges, mixez-les avec la moutarde, les échalotes, la crème fraîche allégée, un peu de sel et de poivre. ❷ Répartissez le mélange dans des verrines. Recouvrez les verrines de miettes de thon et placez-les au frais en attendant de servir.

Pamplemousse, crevettes et avocat

ÉNERGIE 165 Kcal/ personne

4 15 min

2 pamplemousses • 2 avocats bien mûrs • 300 g de crevettes roses cuites décortiquées • 4 cuil. à soupe de jus de citron • sel, poivre

❶ Coupez les pamplemousses en 2. Retirez la chair avec une cuillère parisienne. Réservez-la. ❷ Prélevez la chair des avocats, coupez-la en petits morceaux. ❸ Dans un saladier, mélangez les morceaux d'avocat, les crevettes et la chair de pamplemousse, arrosez de jus de citron, salez, poivrez. Répartissez dans 4 verrines. Servez frais.

Petits roulés de bresaola à la ricotta et à l'aubergine

ÉNERGIE 229 Kcal/ personne

4 10 min 5 min

24 tranches de bresaola • 2 petites aubergines • 12 tomates cerises • 250 g de ricotta • 2 cuil. à soupe d'huile d'olive • 3 branches de basilic • sel • poivre

❶ Lavez et essuyez les aubergines, coupez-les en petits cubes. Faites-les revenir à la poêle dans un peu d'huile d'olive. Salez et poivrez. Laissez refroidir. ❷ Coupez les tomates en petits morceaux. Lavez et essuyez les feuilles de basilic, ciselez-les finement. Mélangez intimement la ricotta avec le basilic. Salez, poivrez. ❸ Superposez les tranches de bresaola 4 par 4. Déposez sur la bresaola des cubes d'aubergine, une fine couche de préparation à la ricotta, puis quelques morceaux de tomates. ❹ Roulez délicatement, fixez avec une pique en bois et mettez au frais. Coupez les rouleaux de bresaola en 2 avant de servir.

Poireaux en salade

ÉNERGIE 35 Kcal/ personne

4 10 min 20 min

4 gros poireaux • 1 cuil. à soupe de moutarde forte • 1 cuil. à soupe de vinaigre de vin • 100 g de fromage blanc à 0 % de MG • 1 branche d'estragon • 1 branche de persil • sel • poivre

❶ Épluchez et lavez soigneusement les poireaux. Mettez-les dans une grande casserole, recouvrez-les d'eau, salez et portez à ébullition, couvrez et faites cuire pendant environ 20 minutes. ❷ Lavez, essuyez, effeuillez et hachez les herbes. ❸ Préparez la sauce en mélangeant la moutarde avec le vinaigre, ajoutez le fromage blanc, salez, poivrez, puis incorporez l'estragon et le persil haché. ❹ Égouttez bien les poireaux dans une passoire, laissez-les tiédir. Déposez-les sur un plat et nappez-les de la sauce. Servez frais.

Purée d'avocats aux crevettes

ÉNERGIE 61 Kcal/ personne

4 10 min

2 avocats bien mûrs • ½ citron • 200 g de crevettes roses décortiquées • 2 pincées de gingembre en poudre • 2 pincées de piment d'Espelette en poudre • sel

❶ Pressez le demi-citron. Ouvrez les avocats en 2, retirez les noyaux, prélevez la chair, écrasez-la à la fourchette. Arrosez-la de jus de citron. ❷ Ajoutez du sel, le piment et le gingembre. Mélangez l'ensemble. Coupez les crevettes en petits morceaux. ❸ Répartissez la purée d'avocats dans 4 verrines, déposez dessus les morceaux de crevettes. Servez bien frais.

Raïta au concombre, épinards et raisins

ÉNERGIE 58 Kcal/ personne

4 — 10 min — 2 min

250 g de yaourt nature • ½ concombre • 1 cuil. à café de raisins secs • 100 g d'épinards frais • 1 branche de menthe • 1 cuil. à café de cumin moulu • 1 cuil. à café de noix muscade râpée • sel • poivre blanc

❶ Lavez, essuyez et équeutez les épinards. Plongez-les 2 minutes dans de l'eau bouillante, pressez-les pour en extraire l'eau résiduelle. Laissez refroidir. Hachez-les finement et réservez. ❷ Pelez et épépinez le concombre, coupez la chair en fine julienne. Hachez les feuilles de menthe. ❸ Dans un bol, mélangez le yaourt, la menthe et le concombre. Salez et poivrez. Ajoutez les épinards blanchis, les fruits secs et le cumin. ❹ Répartissez dans des verrines ou des coupelles et saupoudrez de muscade. Servez bien frais.

Salade aux noix de Saint-Jacques

ÉNERGIE 161 Kcal/personne

4 · 10 min · 2 min

12 noix de Saint-Jacques • 400 g de roquette • 100 g de mesclun • 4 citrons non traités • 2 cuil. à soupe d'huile de noix • 1 cuil. à café de gingembre moulu • 4 pincées de piment d'Espelette • 16 feuilles de menthe • sel • poivre du moulin

❶ Lavez 1 citron, essuyez-le, râpez finement son zeste. Pressez tous les citrons. ❷ Assaisonnez les noix de Saint-Jacques de piment d'Espelette, de gingembre, de poivre et de la moitié du zeste de citron râpé. Réservez. ❸ Lavez et essorez les salades, répartissez-les sur 4 assiettes. ❹ Faites chauffer une poêle à revêtement antiadhésif. Mettez-y les noix de Saint-Jacques, faites-les cuire à feu vif pendant 1 minute, retournez-les et faites-les cuire 1 minute sur l'autre face. Déposez 3 noix de Saint-Jacques sur chaque assiette. ❺ Déglacez la poêle avec le jus de citron. Salez. Versez sur les assiettes un peu de jus de citron de la poêle, un peu d'huile de noix. Décorez le pourtour de chaque assiette avec le reste de zeste de citron et 4 feuilles de menthe.

Salade de betterave et radis noir

ÉNERGIE 72 Kcal/ personne

4 15 min

200 g de betterave crue • 1 radis noir • 1 petit oignon • 8 feuilles de laitue • 1 yaourt brassé à 0 % de MG • 2 cuil. à café de sauce soja • 1 citron • 1 cuil. à café de moutarde • 1 cuil. à café de paprika • 1 branche de persil

❶ Épluchez la betterave et le radis noir, râpez-les séparément. Lavez et essorez les feuilles de laitue. Pelez et hachez l'oignon. Lavez et essuyez les feuilles de persil, hachez-les. ❷ Préparez la sauce : pressez le citron ; mixez le yaourt, la sauce soja, le jus de citron, la moutarde et le paprika. ❸ Étalez sur chaque assiette 2 feuilles de laitue, déposez dessus la betterave râpée en nid et, au milieu, le radis râpé, nappez de sauce au paprika, parsemez d'oignon et de persil hachés.

Salade de carottes à l'orange

ÉNERGIE 113 Kcal/ personne

4 10 min

8 carottes (500 g) • 1 orange non traitée • 1 citron non traité • 3 cuil. à soupe d'huile d'olive • quelques feuilles de coriandre • sel • poivre du moulin

❶ Pelez et râpez les carottes, mettez-les dans un saladier. ❷ Lavez l'orange et le citron. Râpez leur zeste et mettez-en la moitié dans le saladier. Pressez les agrumes, versez le jus dans un bol, ajoutez l'huile d'olive, salez et poivrez. Versez sur les carottes. Mélangez bien. ❸ Parsemez avec le reste des zestes et mélangez à nouveau. Mettez le saladier au frais jusqu'au moment de servir. Décorez de feuilles de coriandre.

Salade de crevettes à l'orange

ÉNERGIE 152 Kcal/personne

4 — 15 min

400 g de crevettes cuites, décortiquées • 2 petits oignons • 2 citrons • 2 cuil. à café d'huile d'olive • 2 oranges • 150 g de roquette • 12 brins de ciboulette • sel • poivre du moulin

❶ Pressez les citrons, versez le jus dans un bol. Épluchez et hachez les oignons, mettez-les dans le bol, salez et poivrez. ❷ Ajoutez l'huile d'olive et la ciboulette ciselée. ❸ Pelez les oranges, coupez-les en tranches. Lavez et essorez la roquette. ❹ Disposez la salade sur les assiettes, garnissez de crevettes, entourez de tranches d'orange et nappez de sauce. Servez frais.

Salade de crevettes créole

ÉNERGIE 184 Kcal/ personne

4 15 min

20 crevettes roses cuites • 1 mangue • 1 tranche d'ananas • 5 cœurs de palmier • 1 sachet de mesclun • 2 avocats bien mûrs • 15 cl de crème fraîche à 15 % de MG • 1 citron • 1 cuil. à café de moutarde • 1 cuil. à café de paprika • sel • poivre du moulin

❶ Épluchez la mangue, coupez la chair en petits morceaux. Taillez l'ananas en petits dés. Décortiquez les crevettes. Coupez les cœurs de palmier en rondelles. ❷ Répartissez tous ces ingrédients dans 4 assiettes creuses ainsi que le mesclun préalablement lavé et essoré. ❸ Préparez la sauce : pressez le citron ; coupez 1 avocat en 2, prélevez la chair, écrasez-la à la fourchette en ajoutant le jus de citron, la moutarde, le paprika, la crème allégée, du sel et du poivre. Fouettez bien pour obtenir une sauce mousseuse. ❹ Ouvrez le second avocat, détaillez la chair en petits dés, répartissez-les sur les assiettes. Nappez de sauce et servez bien frais.

Salade frisée aux émincés de bacon

ÉNERGIE 180 Kcal/personne

4 — 10 min — 10 min

1 cœur de frisée • 1 échalote • 250 g d'émincés de bacon • 4 œufs • 1 cuil. à soupe de vinaigre + 1 pour pocher les œufs • 1 cuil. à soupe d'huile d'olive • 1 cuil. à café de moutarde mi-forte • sel • poivre

❶ Lavez et essorez la salade frisée, coupez-la. ❷ Faites pocher les œufs dans de l'eau bouillante salée et vinaigrée. Déposez les œufs pochés sur du papier absorbant. ❸ Épluchez l'échalote, émincez-la et faites-la revenir dans une poêle à revêtement antiadhésif sans matière grasse, ajoutez les émincés de bacon. ❹ Préparer la vinaigrette : dans un bol, mélangez la moutarde, le vinaigre, du sel et du poivre, incorporez l'huile et 1 cuillerée à soupe d'eau. ❺ Mettez la frisée dans un saladier, versez la vinaigrette, mélangez. Répartissez-la, avec les émincés de bacon et l'échalote sur 4 assiettes, déposez 1 œuf sur chacune.

Servez cette salade en plat complet en doublant les proportions.

Salade de langoustines

ÉNERGIE 80 Kcal/ personne

4 · 10 min

16 queues de langoustines décortiquées • 1 salade feuille-de-chêne blonde • 1 cuil. à café de moutarde forte • 1 cuil. à soupe d'huile d'olive • 2 cuil. à soupe de vinaigre • 1 cuil. à soupe de coriandre moulue • 12 brins de ciboulette • sel • poivre

❶ Lavez et essorez la salade. Répartissez-la sur 4 assiettes. ❷ Délayez la moutarde avec le vinaigre, ajoutez un peu de sel et de poivre, la coriandre moulue, puis l'huile. ❸ Déposez 4 langoustines sur chaque assiette, arrosez de vinaigrette, parsemez de ciboulette ciselée.

Salade de thon

ENERGIE 258 Kcal/personne

4 · 15 min

400 g de thon au naturel en boîte • 4 tomates • 1 boîte de maïs (300 g) • 1 boîte de cœurs de palmier (400 g) • 1 oignon • 2 citrons • 2 cuil. à soupe de moutarde • 4 cuil. à soupe d'huile d'olive • sel • poivre du moulin

❶ Lavez les tomates, coupez-les en tranches fines. Égouttez le maïs et les cœurs de palmier et coupez ces derniers en tronçons. Pelez et hachez l'oignon. Pressez les citrons. ❷ Dans un bol, mélangez la moutarde, du sel, du poivre, le jus des citrons et l'huile d'olive. ❸ Mettez tous les ingrédients dans un saladier, arrosez de sauce et mélangez. Servez frais.

Salade des îles

ÉNERGIE 116 Kcal/personne

4 personnes · 10 min

40 crevettes roses • 120 g de chair de crabe • 2 fruits de la passion • 1 mangue bien mûre • 1 piment vert • 100 g de mâche • 1 citron vert • 1 filet d'huile d'olive • sel • poivre

❶ Lavez et essorez la mâche. Épluchez la mangue et coupez-la en petits dés. Ouvrez les fruits de la passion en 2, récupérez la pulpe. Décortiquez les crevettes. ❷ Épépinez le piment et émincez-le. Pressez le citron vert. ❸ Émiettez la chair de crabe dans un saladier, ajoutez les dés de mangue, les crevettes, la pulpe des fruits de la passion, le piment. Assaisonnez avec le jus de citron et l'huile d'olive. Mélangez, salez, poivrez. ❹ Répartissez la mâche sur 4 assiettes, placez au centre de chacune la salade au crabe.

Salade d'agrumes et d'avocat

ÉNERGIE 126 Kcal/personne

4 20 min

1 pamplemousse • 1 orange • 2 avocats • 250 g de crevettes roses décortiquées • 120 g de mâche • 1 cuil. à soupe d'huile d'olive • 1 cuil. à soupe d'huile de noix • 2 cuil. à soupe de graines de lin • 2 branches de cerfeuil • sel • poivre

❶ Rincez et essorez la mâche. Pelez le pamplemousse et l'orange en réservant le jus de découpe. Détaillez-les en quartiers. Ouvrez les avocats, retirez les noyaux, coupez la chair en cubes. ❷ Dans un saladier, réunissez les quartiers d'agrumes et les dés d'avocat, ajoutez les crevettes. ❸ Mélangez dans un bol le jus récupéré des agrumes, l'huile d'olive, l'huile de noix, du sel et du poivre. ❹ Répartissez la mâche et le mélange d'agrumes et d'avocat sur 4 assiettes, arrosez de sauce, parsemez de feuilles de cerfeuil et de graines de lin. Servez frais.

Salade d'endives, pommes et noix

ÉNERGIE 113 Kcal/personne

4 — 15 min

3 endives • 30 g de cerneaux de noix • 1 pomme • 30 g de gruyère allégé • 3 petits-suisses à 0 % de MG • 3 cl de lait écrémé • 2 cuil. à soupe de jus de citron • 1 cuil. à café de paprika • sel • poivre

❶ Coupez le pied des endives, éliminez les premières feuilles abîmées, retirez la base dure. Lavez-les. Coupez-les finement dans un saladier. ❷ Épluchez la pomme, épépinez-la, coupez-la en quartiers puis en fines lamelles. Mettez-les dans le saladier, arrosez de jus de citron pour éviter le noircissement. ❸ Détaillez le fromage en petits dés, ajoutez-les à la salade ainsi que les cerneaux de noix. ❹ Dans un grand bol, fouettez les petits-suisses avec le lait, du sel, du poivre et le paprika, versez sur la salade.

Soupe de carottes à la coriandre et au cumin

ÉNERGIE 67 Kcal/ personne

4 | 10 min | 20 min

800 g de carottes • 1 oignon • 2 cubes de bouillon de légumes • 3 cuil. à soupe de coriandre ciselée, surgelée • 1 cuil. à soupe de cumin moulu • sel • poivre du moulin

❶ Épluchez les carottes. Coupez-les en rondelles. Pelez et coupez l'oignon en 4. ❷ Faites cuire les légumes dans 1 litre d'eau additionné des cubes de bouillon de légumes. Portez à ébullition. Couvrez et laissez mijoter pendant 20 minutes jusqu'à ce que les légumes soient tendres. ❸ Intégrez la coriandre, le cumin. Salez et poivrez. Mixez la soupe dans un blender ou à l'aide d'un mixeur plongeant, jusqu'à ce que le mélange soit bien lisse. ❹ Versez dans des bols à potage et servez bien chaud.

Soupe de courgettes à l'ail et au basilic

ENERGIE 84 Kcal/ personne

4 · 5 min · 15 min

4 courgettes • 4 portions de fromage La Vache qui rit® ou Kiri® • 2 gousses d'ail • 2 cubes de bouillon de volaille • 2 cuil. à soupe de basilic ciselé, surgelé • sel • poivre

❶ Pelez les gousses d'ail, retirez le germe. Lavez les courgettes, coupez-les en morceaux. ❷ Mettez les courgettes et l'ail dans une casserole, faites-les cuire environ 15 minutes dans 1 litre d'eau additionné des cubes de bouillon de volaille. ❸ Quand les courgettes sont cuites, ajoutez le basilic, le fromage, salez et poivrez. ❹ Mixez le tout, versez dans des bols à potage et servez chaud.

Soupe de légumes au fromage

ÉNERGIE 44 Kcal/personne

4 · 10 min · 20 min

1 carotte • 1 blanc de poireau • 1 gros oignon • 2 belles tomates • 1 courgette • 1 gousse d'ail • 50 g de Saint-Môret® allégé • 1 branche de basilic • 1 cube de bouillon de volaille • poivre du moulin

❶ Épluchez la carotte, coupez-la en rondelles fines. Lavez poireau, tomates et courgettes ; détaillez le poireau et la courgette en rondelles, les tomates en dés. Pelez et émincez l'oignon. Pelez et dégermez la gousse d'ail. ❷ Portez doucement à ébullition 1 litre d'eau additionnée du bouillon de volaille. Mettez-y les légumes, couvrez et laissez cuire à petit feu pendant environ 20 minutes jusqu'à ce que les légumes soient tendres. ❸ Ajoutez un peu de poivre, les feuilles de basilic et le fromage allégé. ❹ Mixez, répartissez la soupe dans 4 bols, servez bien chaud.

Soupe de poivrons au fromage

ÉNERGIE 56 Kcal/personne

4 · 10 min · 25 min

2 poivrons rouges • 3 belles carottes • 1 tomate • ½ courgette • 1 gros oignon • 1 gousse d'ail • 1 cube de bouillon de volaille • 1 cuil. à soupe de basilic ciselé, surgelé • 50 g de Saint-Môret® allégé • poivre du moulin

❶ Épluchez les carottes, taillez-les en fines rondelles. Coupez les poivrons en morceaux et retirez la partie blanche. Pelez l'oignon coupez-le en morceaux. Pelez et coupez la tomate en dés, la demi-courgette en rondelles. Pelez, dégermez la gousse d'ail, émincez-la. ❷ Mettez les légumes dans une casserole, ajoutez 1 litre d'eau et le bouillon de volaille, portez doucement à ébullition. ❸ Baissez le feu, couvrez et laissez cuire pendant environ 20 minutes, jusqu'à ce que les légumes soient tendres. ❹ Ajoutez le basilic, le poivre et le fromage allégé. Mixez, versez dans des bols à potage et servez bien chaud.

Soupe de potiron et carottes au curry

ÉNERGIE 51 Kcal/ personne

4 10 min 25 min

4 belles carottes • 1 tranche de potiron • 1 oignon • 1 cube de bouillon de légumes • 1 cuil. à soupe de cumin moulu • 1 cuil. à soupe de curry • poivre du moulin

❶ Épluchez les carottes et le potiron ; coupez les carottes en fines rondelles, le potiron en petits dés. Épluchez et émincez l'oignon. ❷ Mettez les légumes dans une casserole, ajoutez 1 litre d'eau additionnée du bouillon de légumes. Portez à ébullition. Couvrez et laissez cuire 20 minutes sur feu moyen jusqu'à ce que les légumes soient tendres. ❸ Ajoutez le curry et le cumin. Poivrez. Mixez le tout. Versez dans des bols à potage et servez bien chaud.

Soupe de céleri, tomates et carottes

ÉNERGIE 70 Kcal/ personne

4 | 10 min | 20 min

• 300 g de céleri-rave • 4 carottes • 2 tomates • 1 oignon • 1 petit navet • 1 cube de bouillon de volaille • 1 branche de basilic • poivre du moulin

❶ Épluchez les légumes et coupez-les en morceaux. Lavez, épongez et effeuillez le basilic. ❷ Faites cuire les légumes dans 1 litre d'eau additionnée du cube de bouillon de volaille, pendant 20 minutes. ❸ Quand les légumes sont cuits, ajoutez le basilic, poivrez. Mixez le tout, versez dans des bols à potage et servez bien chaud.

Soupe froide de tomate au céleri

ÉNERGIE 91 Kcal/ personne

4 · 10 min

4 tomates • 60 cl de coulis de tomates • 40 cl de bouillon de légumes froid • 2 cuil. à café de jus de citron • 8 petits bâtonnets de céleri-branche • 4 gouttes de Tabasco® • sel de céleri • poivre du moulin

❶ Plongez les tomates quelques instants dans de l'eau bouillante, puis retirez la peau. ❷ Mixez la chair avec le coulis de tomates et le bouillon de légumes. Ajoutez 2 pincées de sel de céleri, du Tabasco®, du poivre du moulin et le jus de citron. ❸ Versez la soupe dans 4 verrines, ciselez finement les bâtonnets de céleri au-dessus. Servez bien frais.

Soupe glacée de concombre à la menthe

ÉNERGIE 21 Kcal/personne

4 — 15 min — 20 min

800 g de concombre • 2 cubes de bouillon de légumes • 10 branches de menthe

❶ Pelez les concombres. Coupez-les en 4 dans le sens de la longueur, retirez les graines, puis recoupez-les en morceaux. ❷ Mettez-les dans un faitout avec les cubes de bouillon de légumes et 8 branches de menthe. Couvrez d'eau et portez à ébullition. Réduisez le feu, couvrez et laissez cuire pendant 15 minutes. ❸ Passez au mixeur, puis réservez au réfrigérateur. ❹ Au moment de servir, versez la soupe dans 4 verres, ciselez la menthe restante et parsemez-en les verres.

Soupe glacée d'avocat

ÉNERGIE 105 Kcal/personne

4 | 10 min | 30 min

2 avocats bien mûrs • 1 oignon • 1 gousse d'ail • 1 citron vert • 1 cuil. à soupe de vinaigre de vin • 12 brins de ciboulette • sel • poivre du moulin

❶ Coupez les avocats en 2. Retirez les noyaux et la peau. Mettez la chair dans le bol d'un mixeur. Pressez le citron vert. ❷ Épluchez et émincez l'ail et l'oignon et ajoutez-les dans le bol du mixeur avec 75 cl d'eau, le vinaigre et le jus de citron. ❸ Mixez jusqu'à obtention d'un velouté. Salez et poivrez. ❹ Versez dans des verrines et placez au réfrigérateur pendant au moins 30 minutes. Saupoudrez de ciboulette ciselée avant de servir.

Tomates au cottage cheese

ÉNERGIE 60 Kcal/personne

4 — 10 min

4 grosses tomates rondes • 1 barquette de cottage cheese (200 g)• 12 brins de ciboulette • 3 branches de cerfeuil • sel • poivre

❶ Lavez et essuyez les tomates et coupez-leur un chapeau aux ⅔ de leur hauteur. Évidez-les avec une petite cuillère. Mettez-les à égoutter la tête en bas après les avoir légèrement saupoudrées de sel. ❷ Lavez, essuyez et ciselez finement les herbes. Battez le cottage cheese avec les fines herbes. Salez et poivrez. ❸ Remplissez les tomates évidées avec la préparation au cottage cheese, replacez les chapeaux. Placez-les au réfrigérateur jusqu'au moment de servir.

Tomates farcies aux crevettes

ÉNERGIE 110 Kcal/ personne

4 · 15 min · 1 h

4 grosses tomates bien mûres • 200 g de crevettes décortiquées • 1 cuil. à café de moutarde forte • 2 cuil. à soupe d'huile d'olive • 1 cuil. à soupe de jus de citron • 12 brins de ciboulette • 2 branches de persil • sel • poivre

❶ Lavez et essuyez les tomates. Coupez-leur un chapeau aux ⅔ de leur hauteur et évidez-les avec une cuillère à café. Salez-les légèrement, puis retournez-les sur un plat. Mettez-les au réfrigérateur. ❷ Dans un bol, délayez la moutarde avec le jus de citron et l'huile. Salez et poivrez. Ajoutez les crevettes et la ciboulette ciselée, mélangez bien. Laissez mariner les crevettes pendant 1 heure. ❸ Lavez et essuyez le persil, hachez les feuilles. Garnissez l'intérieur des tomates avec la préparation aux crevettes, saupoudrez de persil haché. Servez très frais.

Verrines d'avocats et crevettes, ail et fines herbes

ÉNERGIE 133 Kcal/personne

4 — 15 min

6 mini-carrés frais 0 % ail et fines herbes (25 g chacun) • 3 avocats bien mûrs • 32 crevettes cuites et décortiquées • 5 cl de crème fraîche à 15 % de MG • 2 citrons verts • 12 brins de ciboulette • sel, poivre

❶ Pressez les citrons verts. À la fourchette, écrasez la chair de 2 avocats, arrosez avec la moitié du jus de citron vert, salez, poivrez. Répartissez la moitié de la purée d'avocats dans les verrines sur environ 2 cm de hauteur. ❷ Coupez 16 crevettes en morceaux et disposez-les sur la purée d'avocats. Taillez 16 crevettes en morceaux et réservez-les. Gardez les autres entières pour la décoration des verrines. ❸ Écrasez avec une fourchette les fromages frais. Ajoutez un peu de crème fraîche allégée. Répartissez dans les 4 verrines la moitié du mélange de fromage frais sur 2 cm. ❹ Pelez le dernier avocat, coupez-le en petits morceaux et arrosez-les du jus de citron vert. Mélangez-les avec les morceaux de crevettes. Répartissez ce mélange dans les verrines. ❺ Battez le reste de purée d'avocats et de fromage frais et faites-en la dernière couche dans les verrines. ❻ Décorez le dessus des verrines avec les crevettes entières restantes, parsemez de ciboulette ciselée. Réservez au frais jusqu'au moment de servir.

Club sandwichs

ENERGIE 240 Kcal/ personne

4 · 15 min

12 fines tranches de pain de campagne • 2 tranches de jambon blanc découenné et dégraissé • 80 g de fromage de chèvre frais • 1 tomate • ½ concombre • 4 feuilles de laitue • 8 feuilles de basilic • 2 cuil. à café d'huile d'olive

❶ Faites griller légèrement 12 tranches de pain de campagne de taille identique. ❷ Rincez la tomate et coupez-la en fines rondelles. Rincez, essorez les feuilles de laitue, et ciselez-les en grosses lanières. Épluchez le concombre et coupez-le en fines rondelles. ❸ Ciselez le basilic. Mettez le fromage de chèvre frais dans un bol, ajoutez le basilic et l'huile d'olive, battez bien à la fourchette. ❹ Étalez une couche de ce mélange sur 1 tranche de pain grillé. Déposez par-dessus 1 demi-tranche de jambon. Tartinez de fromage une autre tranche de pain, déposez-la sur le jambon, face tartinée vers le haut. Ajoutez dessus des rondelles de tomate, de concombre et un peu de laitue. ❺ Terminez avec une autre tranche de pain grillé par-dessus. Procédez de la même façon pour les 3 autres sandwichs.

Sandwichs frits d'aubergines à la tomate

ÉNERGIE 84 Kcal/ personne

4 | 15 min | 10 à 15 min

2 aubergines • 60 g de chèvre frais • 1 cuil. à soupe d'huile d'olive • 2 cuil. à soupe de parmesan râpé • 1 tomate • 1 œuf • 4 cuil. à soupe de chapelure • 12 brins de ciboulette • 1 cuil. à café de thym séché • sel

❶ Coupez dans la longueur les aubergines en 8 tranches d'1 cm d'épaisseur. Dans un bol, battez le fromage de chèvre et la ciboulette ciselée. ❷ Mettez la chapelure, le parmesan et le thym dans une assiette. Dans une autre assiette, battez l'œuf à la fourchette avec 2 pincées de sel. ❸ Préparez les sandwichs en disposant, sur 1 tranche d'aubergine, 2 cuillerées à café de chèvre frais et 1 rondelle de tomate, couvrez d'une autre tranche d'aubergine. Préparez de la même façon 3 autres sandwichs. ❹ Passez les sandwichs ainsi montés dans l'œuf battu, puis dans la chapelure aromatisée. Déposez-les au fur et à mesure sur du papier sulfurisé. ❺ Faites chauffer l'huile à feu doux dans une grande poêle. Mettez-y à cuire les sandwichs 10 à 15 minutes en les retournant à mi-cuisson jusqu'à ce qu'ils soient dorés et tendres. Servez tiède.

Sandwichs thon et Saint-Môret®

ÉNERGIE 180 Kcal/personne

4 · 10 min

1 boîte de thon au naturel de 360 g • 160 g de Saint-Môret® allégé • 8 petites échalotes • 2 baguettes de pain tradition • 3 branches de persil • 4 feuilles de laitue

❶ Lavez et essorez les feuilles de laitue, ciselez-les. Pelez et hachez les échalotes avec le persil. ❷ Mettez le thon dans un saladier, écrasez-le à la fourchette, ajoutez les échalotes, le persil et le fromage frais. Mélangez bien à la fourchette jusqu'à obtenir une préparation homogène. ❸ Coupez les baguettes en deux, puis ouvrez chaque moitié. Tartinez-les de la préparation au thon et ajoutez les feuilles de salade ciselées.

Sandwichs tomate-mozzarella-olives

ENERGIE 259 Kcal/ personne

4 — 5 min

24 olives noires dénoyautées • 4 cuil. à soupe de fromage blanc à 0 % de MG • 8 fines tranches de pain complet • 160 g de mozzarella • 4 tomates bien fermes • 2 cuil. à café de basilic ciselé, surgelé • sel • poivre du moulin

❶ Émincez finement les olives noires au couteau et mélangez-les avec le fromage blanc. Tartinez les tranches de pain de ce mélange. ❷ Égouttez la mozzarella, coupez-la en fines rondelles. Lavez les tomates et coupez-les également en fines rondelles. ❸ Sur la moitié des tranches de pain, disposez en alternance des rondelles de tomates et de mozzarella et le basilic ciselé. Saupoudrez d'un peu de sel et donnez quelques tours de poivre du moulin. Couvrez avec les tranches de pain restantes.

Ce sandwich peut constituer un déjeuner, au travail, avec un fruit.

Aiguillettes de poulet, pommes de terre et poivrons

ÉNERGIE 258 Kcal/personne

4 · 10 min · 20 min

500 g de pommes de terre • 500 g d'aiguillettes de blanc de poulet • 1 poivron rouge • 1 poivron vert • 1 grosse gousse d'ail • 1 oignon • 1 cuil. à soupe d'huile d'olive • 1 cuil. à soupe de paprika • 1 cuil. à café de thym séché • sel • poivre du moulin

❶ Épluchez les pommes de terre et coupez-les en 4. Mettez-les dans une casserole d'eau froide. Portez à ébullition. Laissez cuire pendant 10 minutes. Égouttez-les, laissez-les tiédir. ❷ Pelez et hachez l'oignon et l'ail. Lavez les poivrons, retirez les graines et les parties blanches, coupez-les en dés. ❸ Dans une sauteuse, faites chauffer l'huile et mettez-y les aiguillettes de poulet. Faites-les revenir 4 minutes. Salez, poivrez et réservez. ❹ Dans la même sauteuse, faites fondre l'oignon pendant 4 minutes, ajoutez les poivrons et faites-les revenir 4 minutes. Ajoutez les pommes de terre, le poulet, l'ail, le paprika et le thym. Salez et poivrez. Mélangez. ❺ Laissez cuire sans remuer pendant environ 5 minutes jusqu'à ce que le tout soit bien doré. Versez dans le plat de service.

Blanc de dinde aux pousses d'épinards

ÉNERGIE 352 Kcal/personne

4 · 5 min

1,5 kg de pousses d'épinards • 3 oignons rouges • 2 gousses d'ail • 4 cuil. à soupe de coulis de tomates • 4 cuil. à soupe de jus de citron • 8 tranches de blanc de dinde cuit, en petits dés • 4 cuil. à soupe d'huile d'olive • 4 cuil. à café de moutarde forte • sel • poivre

❶ Épluchez et émincez les oignons, épluchez et pressez l'ail. Mettez les pousses d'épinards dans un grand saladier. ❷ Faites revenir l'oignon dans un peu d'huile pendant 1 minute. Ajoutez le coulis de tomates, le jus de citron, la moutarde, l'ail, du sel et du poivre. ❸ Retirez du feu dès le premier bouillon. Versez cette sauce chaude sur les épinards. Ajoutez les dés de dinde. Servez chaud.

Bœuf Stroganoff

ÉNERGIE 216 Kcal/ personne

4 — 15 min — 15 min

500 g de filet de bœuf • 1 oignon • 200 g de champignons • 4 cuil. à soupe de crème fraîche à 4 % de MG • 1 cuil. à soupe de moutarde • 1 cuil. à soupe de farine • 1 cuil. à soupe d'huile • 1 branche de persil • 1 branche d'aneth • sel • poivre

❶ Lavez et émincez les champignons. Épluchez et hachez l'oignon. Découpez la viande en fines lamelles. Ciselez finement les herbes. ❷ Mélangez dans un bol la moutarde et la crème fraîche. ❸ Faites chauffer l'huile dans une grande poêle et faites-y revenir les champignons et les oignons sans les laisser dorer. Ajoutez la viande et portez à feu vif. ❹ Dès que la viande est saisie, incorporez la farine et laissez 1 minute sur le feu, puis intégrez le mélange crème fraîche-moutarde. Salez, poivrez, ajoutez les fines herbes et servez immédiatement.

Cabillaud au citron

ÉNERGIE 197 Kcal/ personne

4 10 min 15 min

4 pavés de cabillaud de 150 g chacun • 2 citrons non traités • 2 cuil. à soupe d'huile d'olive • sel • poivre du moulin

❶ Préchauffez le four à 210 °C (th. 7). Râpez le zeste des citrons et pressez les fruits. Versez le jus dans un bol, ajoutez l'huile, fouettez avec une fourchette. Réservez. ❷ Coupez 4 carrés de papier sulfurisé, déposez au centre de chaque carré 1 pavé de cabillaud, un peu de zeste de citron, salez et poivrez. ❸ Refermez les papillotes, placez-les dans un plat et enfournez pour 15 minutes. Déposez ensuite les papillotes sur 4 assiettes et servez avec la sauce au citron.

Chou chinois au bacon

ENERGIE 93 Kcal/ personne

4 | 10 min | 20 min

½ chou chinois • 2 échalotes • 200 g de filet de bacon • 1 cuil. à soupe d'huile d'olive • sel • poivre

❶ Pelez et émincez les échalotes, ciselez le chou chinois. Coupez les tranches de bacon en lamelles. ❷ Dans une poêle ou un wok, faites revenir les échalotes dans un peu d'huile, ajoutez les lamelles de bacon. Faites dorer légèrement pendant 5 minutes. Réservez. ❸ Faites cuire le chou chinois émincé dans la poêle pendant 10 minutes. Ajoutez-y les échalotes et le bacon. Mélangez et faites revenir 5 minutes supplémentaires. ❹ Salez et poivrez, répartissez dans 4 assiettes creuses. Servez bien chaud.

Crevettes au curcuma et au gingembre

ÉNERGIE 57 Kcal/personne

4 · 5 min · 10 min

20 crevettes crues non décortiquées • 1 cuil. à soupe d'huile d'olive • 1 cuil. à café de sauce soja • 1 gousse d'ail • 1 cuil. à café de curcuma • ½ cm de gingembre frais • 1 cuil. à café de paprika • poivre du moulin

❶ Râpez le gingembre, pelez et râpez la gousse d'ail. ❷ Faites chauffer l'huile dans une poêle, mettez-y les crevettes, le curcuma, le poivre, le gingembre, le paprika, la gousse d'ail, la sauce soja, faites cuire à feu doux et à couvert jusqu'à coloration des crevettes. ❸ Répartissez dans 4 coupelles.

Servez avec une salade de mâche aux noix.

Émincé de bœuf aux feuilles de chicorée

ÉNERGIE 298 Kcal/personne

4 · 15 min · 5 min

4 steaks d'aloyau de 200 g chacun • 150 g de chicorée rouge • 2 gousses d'ail • 1 cuil. à café d'huile d'olive • sel • poivre du moulin

❶ Coupez la viande en petites lamelles très fines. Lavez la chicorée et ciselez-la en bandes de 2 cm. Pelez et hachez les gousses d'ail. ❷ Dans une poêle, faites chauffer l'huile d'olive à feu vif, ajoutez l'ail haché et les lamelles de bœuf. Salez et poivrez. Faites revenir 2 minutes en remuant sans cesse. ❸ Ajoutez la chicorée et poursuivez la cuisson jusqu'à ce que les feuilles de salade commencent à se flétrir. Servez.

Épinards frais aux œufs

ÉNERGIE 279 Kcal/ personne

4 5 min 10 min

1,2 kg d'épinards frais • 8 œufs • 4 gousses d'ail • 4 cuil. à soupe d'huile d'olive • sel • poivre

❶ Pelez et émincez les gousses d'ail. Lavez et égouttez parfaitement les épinards, équeutez-les. ❷ Dans une grande poêle, faites revenir l'ail émincé avec un filet d'huile d'olive. Déposez les feuilles d'épinards, laissez-les fondre quelques minutes, salez et poivrez. ❸ Cassez les œufs sur les épinards, couvrez et faites cuire 2 à 3 minutes le temps que les œufs au plat soient cuits.

Escalopes de dinde, sucrine aillée et tomates confites

ÉNERGIE 286 Kcal/ personne

4 — 10 min — 15 min

2 escalopes de dinde de 130 g chacune • 3 cœurs de sucrines • 4 gousses d'ail • 8 tomates confites • 3 cuil. à soupe d'huile d'olive • sel • poivre

❶ Taillez les escalopes de dinde en lanières et les cœurs de sucrines en 4. Pelez les gousses d'ail et coupez-les en lamelles. ❷ Dans un wok ou une sauteuse, faites revenir les lanières de dinde dans l'huile pendant 10 minutes. Salez légèrement, poivrez, réservez sur une assiette. ❸ À la place, faites sauter l'ail, les tomates confites et les sucrines. Quand les sucrines sont légèrement colorées, répartissez le tout sur 4 assiettes, déposez les lanières de dinde par-dessus.

Espadon poché au four

ÉNERGIE 172 Kcal/personne

4 | 5 min | 15 à 20 min

4 darnes d'espadon de 2,5 cm d'épaisseur • 1 citron • 1 feuille de laurier • 2 cuil. à café de thym • sel • poivre

❶ Préchauffez le four à 210 °C (th. 7). Pressez le citron. Disposez les darnes d'espadon dans un plat en verre allant au four. Salez, poivrez. ❷ Mélangez le jus de citron avec 1 verre d'eau, la feuille de laurier et le thym, versez le tout sur les darnes d'espadon. Enfournez à découvert pour 15 à 20 minutes. ❸ Retirez le poisson du liquide, égouttez-le et servez-le avec une sauce citronnée au thym (voir recette page 120).

Fettucinis aux épinards et tomates à la ricotta

ÉNERGIE 269 Kcal/personne

4 · 10 min · 20 min

400 g de fettucinis • 4 tomates • 3 gousses d'ail • 100 g de pousses d'épinards • 200 g de ricotta • 2 cuil. à soupe d'huile d'olive • 6 cl de vinaigre balsamique • sel • poivre

❶ Préchauffez le four à 180 °C (th. 6). Lavez et essorez bien les pousses d'épinards. Pelez et pilez l'ail. Lavez les tomates et détaillez-les en quartiers. ❷ Mélangez le vinaigre et l'ail dans un bol. Déposez les tomates sur la plaque du four, arrosez-les de vinaigre à l'ail et enfournez-les pour 20 minutes. ❸ Pendant ce temps, faites cuire les pâtes dans une grande casserole d'eau bouillante salée. Égouttez-les, versez-les dans un plat creux, ajoutez les tomates, les épinards, l'huile d'olive et mélangez. Salez, poivrez. ❹ Détaillez la ricotta en petits cubes et ajoutez-la aux pâtes, mélangez délicatement et servez immédiatement.

Filets de cabillaud sauce piquante

ÉNERGIE 246 Kcal/ personne

4 · 15 min · 15 min

600 g de filets de cabillaud • 4 tomates bien mûres • 2 filets d'anchois • 1 cuil. à soupe de câpres • 10 olives noires • 2 gousses d'ail • 3 cuil. à soupe d'huile d'olive • 1 cuil. à café de persil ciselé, surgelé • 1 cuil. à café de basilic ciselé, surgelé • 1 cuil. à café de thym • sel • poivre

❶ Préchauffez le four à 210 °C (th. 7). Plongez les tomates pendant quelques instants dans de l'eau bouillante, égouttez-les, pelez-les, épépinez-les et coupez-les en lanières. ❷ Pelez et émincez les gousses d'ail. Coupez les filets de cabillaud en carrés, enduisez légèrement un plat à gratin d'huile, déposez-y les filets de poisson sur une seule couche. Salez, poivrez. ❸ Ajoutez les tomates, les câpres, les anchois en petits morceaux, l'ail émincé, les olives coupées en rondelles et les herbes aromatiques. ❹ Recouvrez de papier d'aluminium et enfournez pour 15 minutes. Arrosez d'un filet d'huile d'olive et servez.

Fricassée de crevettes roses aux petits oignons

ÉNERGIE 110 Kcal/ personne

4 | 10 min | 10 min

20 grosses crevettes • 2 citrons verts non traités • 4 gousses d'ail • 4 oignons nouveaux • 2 cuil. à soupe d'huile d'olive • 1 branche de coriandre • piment d'Espelette • sel • poivre

❶ Coupez les têtes des crevettes et décortiquez-les. Prélevez le zeste et le jus des citrons. Pelez et hachez l'ail. Épluchez et émincez les oignons. ❷ Faites chauffer l'huile dans une sauteuse ou un wok et faites-y revenir l'ail, puis les oignons. Ajoutez les crevettes et faites cuire en remuant pendant 5 minutes. ❸ Intégrez ensuite le zeste et le jus des citrons, le piment d'Espelette et assaisonnez. Avant de servir, parsemez de feuilles de coriandre ciselées.

Fromage blanc à la paysanne

ÉNERGIE 101 Kcal/personne

4 — 5 min

750 g de fromage blanc à 0 % de MG • 7 cl de crème fluide à 15 % de MG • 1 petit oignon • 1 gousse d'ail • sel • poivre • 1 botte de ciboulette

❶ Pelez et hachez l'ail et l'oignon. ❷ Dans une terrine, mélangez le fromage blanc égoutté avec la crème fraîche. Salez et poivrez. Incorporez l'ail, l'oignon, la ciboulette ciselée. ❸ Servez ce fromage blanc à la paysanne en plat principal avec des pommes de terre en robe des champs et une salade verte.

Vous pouvez servir l'ail, l'oignon et la ciboulette séparément dans de petits raviers.

Gambas sautées aux pois gourmands et poivron

ÉNERGIE 160 Kcal/personne

4 · 20 min · 10 min

500 g de petites gambas décortiquées en barquette • 125 g de pois gourmands • 1 poivron rouge • 3 échalotes • 2 gousses d'ail • 3 cuil. à soupe de sauce soja • 2 cuil. à soupe d'huile d'olive • 1 cuil. à soupe de jus de citron • 1 cuil. à soupe de zeste de citron râpé • 2 pincées de piment en poudre • sel

❶ Lavez le poivron rouge, retirez le pédoncule, les graines et les parties blanches. Coupez-le en lanières. Pelez et hachez les échalotes et les gousses d'ail. ❷ Faites chauffer 1 cuillerée à soupe d'huile à feu moyen dans une grande poêle antiadhésive ou dans un wok. Ajoutez les pois gourmands et les lanières de poivron. Salez. Faites revenir 5 à 6 minutes pour qu'ils restent croquants. Réservez. ❸ Faites chauffer le reste de l'huile dans la même poêle. Mettez-y les gambas, l'échalote, l'ail et le piment. Faites revenir 1 minute. ❹ Incorporez la sauce soja et le jus de citron. Faites revenir 1 minute environ en remuant, puis intégrez les pois gourmands et le poivron. Réchauffez environ 30 secondes. Ajoutez le zeste de citron et servez.

Gratin de cabillaud aux herbes

ÉNERGIE 251 Kcal/personne

4 · 10 min · 20 min

600 g de filets de cabillaud • 1 citron non traité • 2 gros oignons jaunes • 2 gousses d'ail • 4 cuil. à soupe d'huile d'olive • 1 cuil. à café de basilic ciselé, surgelé • 1 cuil. à café de persil ciselé, surgelé • 1 cuil. à café de coriandre ciselée, surgelée • sel • poivre

❶ Préchauffez le four à 210 °C (th. 7). Pelez les oignons et hachez-les. Épluchez les gousses d'ail et pressez-les. Lavez le citron, séchez-le et râpez son zeste. ❷ Dans un saladier, mélangez l'oignon haché avec l'ail pressé, le zeste de citron, les herbes, 3 cuillerées à soupe d'huile d'olive, du sel et du poivre. ❸ Badigeonnez un plat à gratin avec la cuillerée d'huile d'olive restante. Coupez les filets de cabillaud de manière à les étaler dans le plat sur une seule couche. ❹ Passez-les dans le mélange aux herbes et au citron. Disposez-les dans le plat à gratin. Versez dessus le reste du mélange citron-herbes. Enfournez pour 20 minutes.

Accompagnez ce gratin de tomates provençales (voir recette page 113).

Lasagnes de thon et roquette

ÉNERGIE 271 Kcal/personne

4 · 10 min · 10 min

400 g de thon en boîte au naturel, égoutté • 8 feuilles de lasagnes • 1 botte de ciboules • 2 courgettes • 500 g de tomates cerises • 80 g de roquette • 1 cuil. à soupe d'huile d'olive • 4 cuil. à café de pesto • 4 feuilles de basilic • sel • poivre du moulin

❶ Lavez et essorez la roquette. Coupez les ciboules en tronçons, lavez les courgettes et taillez-les en dés, lavez les tomates cerises, coupez-les en 4. ❷ Faites cuire les feuilles de lasagnes dans une grande casserole d'eau bouillante salée en suivant les conseils de l'emballage. Égouttez-les et gardez-les au chaud dans la casserole. ❸ Faites chauffer l'huile d'olive dans une poêle et faites-y revenir les ciboules et les courgettes 3 minutes en remuant. Ajoutez les tomates, le thon et la roquette et faites-les sauter, salez et poivrez. ❹ Déposez un peu de sauce au thon dans 4 assiettes, couvrez d'1 feuille de lasagne. Répartissez ensuite la sauce restante dans les assiettes et couvrez d'une autre feuille de lasagne. ❺ Terminez avec 1 cuillerée à café de pesto et 1 feuille de basilic avant de servir.

Légumes à la thaïlandaise

ÉNERGIE 258 Kcal/ personne

4 · 15 min · 6 min

1 poivron rouge • 1 courgette • 12 épis de maïs nains en boîte • 250 g de chou chinois • 500 g de tofu • 4 ciboules • 1 petit piment rouge • 4 gousses d'ail • 1 petit morceau de gingembre frais • 4 cuil. à soupe de jus de citron vert • 10 cl de bouillon de légumes • 2 cuil. à café de fécule de maïs • 2 cuil. à soupe de sauce soja • 2 cuil. à soupe d'huile d'olive

❶ Mélangez dans un saladier le bouillon de légumes, le jus de citron vert, la sauce soja et la fécule de maïs. ❷ Pelez et hachez l'ail et le gingembre. Épépinez et hachez le piment. Coupez le poivron en carrés d'1 cm, les ciboules en fins tronçons et la courgette en dés. Râpez le chou chinois. Coupez le tofu en cubes d'1 cm. ❸ Dans un wok, faites frire l'ail, le gingembre et le piment dans 2 cuillerées à café d'huile en remuant pendant 30 secondes. Mettez ces ingrédients dans le saladier. ❹ Faites chauffer le reste de l'huile dans le wok, ajoutez le poivron, les ciboules et la courgette. Laissez frire 2 à 3 minutes en remuant. ❺ Intégrez le maïs et le chou. Faites frire 1 minute en mélangeant. Ajoutez le tofu et le mélange réservé dans le saladier. Couvrez et laissez mijoter 2 minutes avant de servir bien chaud.

Légumes sautés au tofu

ÉNERGIE 205 Kcal/personne

4 10 min 7 min

300 g de tofu • 1 oignon • 2 carottes • 150 g de brocoli • 1 poivron rouge • 1 grosse courgette • 150 g de pois gourmands • 3 cuil. à soupe d'huile de tournesol • 2 cuil. à soupe de sauce soja • 2 cuil. à soupe de sauce au piment doux • 1 piment rouge • 8 feuilles de basilic

❶ Lavez et émincez le piment rouge en petites lamelles. Lavez le brocoli, séparez-le en petits bouquets. Coupez le tofu en cubes, pelez et émincez l'oignon, pelez les carottes, coupez-les en rondelles; lavez le poivron, épépinez-le, retirez les parties blanches et taillez-le en lamelles. Lavez la courgette et coupez-la en rondelles. ❷ Faites chauffer 1 cuillerée à soupe d'huile dans un wok ou dans une grande poêle, ajoutez le tofu et faites sauter 2 minutes à feu vif. Retirez-le du wok à l'aide d'une écumoire. ❸ Faites chauffer le reste de l'huile dans le wok et faites-y sauter l'oignon et les carottes pendant 2 minutes. Ajoutez les bouquets de brocoli, les lamelles de poivron rouge, faites sauter

1 minute, puis intégrez les pois gourmands et les rondelles de courgette, faites sauter 1 minute. ❹ Mélangez la sauce soja et la sauce au piment doux avec 12,5 cl d'eau. Versez ce mélange dans le wok, remettez le tofu. Laissez encore cuire 1 minute. ❺ Servez dans des bols. Décorez avec les lamelles de piment rouge et les feuilles de basilic ciselées.

Servez ce wok végétarien en plat principal: il est complet sur le plan nutritionnel, tout comme celui de la recette précédente.

Mi-cuit de thon aux épinards en vinaigrette

ÉNERGIE 219 Kcal/personne

4 — 15 min — 10 min

4 pavés de thon de 130 g chacun • 500 g d'épinards frais • 1 échalote • 200 g de tomates cerises • 4 cuil. à soupe d'huile de sésame ou d'huile d'olive • 1 cuil. à café de moutarde • 1 cuil. à soupe de vinaigre balsamique • 1 cuil. à café de vinaigre de Xérès • sel • poivre du moulin

❶ Coupez le thon en dés de 2,5 cm. Lavez et équeutez les épinards. Pelez et hachez l'échalote. ❷ Préparez une vinaigrette bien émulsionnée avec la moutarde, du sel, du poivre, les vinaigres et la moitié de l'huile. ❸ Dans un wok ou une sauteuse, faites revenir sur feu vif les dés de thon dans le restant d'huile, salez et poivrez en remuant. Le thon doit être encore cru à l'intérieur. Réservez sur le plat de service. ❹ Dans la poêle, faites revenir les épinards et les tomates pendant 1 minute jusqu'à ce que les épinards commencent à ramollir. ❺ Répartissez épinards et tomates autour du thon, ajoutez l'échalote hachée et aspergez le tout de vinaigrette.

Noix de Saint-Jacques aux légumes

ÉNERGIE 237 Kcal/personne

4 — 30 min — 10 min

16 noix de Saint-Jacques (500 g) • 2 oignons moyens • 2 branches de céleri • 125 g de mini-épis de maïs • 250 g de haricots verts • 5 champignons shiitakés séchés • 300 g de blettes • 1 cuil. à soupe d'huile d'arachide • 2 cuil. à café de gingembre râpé • 1 gousse d'ail pilée • 12,5 cl de bouillon de volaille • 1 cuil. à soupe de sauce soja épaisse • 2 cuil. à café de fécule de maïs • 1 cuil. à soupe de vin de riz chinois

❶ Mettez les champignons dans un bol, recouvrez d'eau bouillante, laissez reposer pendant 20 minutes. Égouttez-les, jetez les pieds et tranchez finement les chapeaux. ❷ Épluchez et émincez les oignons ; coupez le céleri en petits tronçons. Lavez, équeutez les haricots et coupez-les en 2. Épluchez les blettes, coupez-les en morceaux. ❸ Faites chauffer l'huile dans un wok et faites-y sauter les oignons, le céleri, le gingembre, l'ail et les épis de maïs jusqu'à ce que l'oignon blondisse. ❹ Intégrez les champignons, les haricots, le bouillon, la sauce soja et la fécule préalablement délayée dans le vin de riz. Faites sauter jusqu'à léger épaississement de la sauce. ❺ Incorporez les noix de Saint-Jacques, faites revenir pendant 2 minutes. Ajoutez les blettes. Continuez à faire cuire à feu doux jusqu'à ce que les noix de Saint-Jacques soient opaques. ❻ Répartissez dans 4 coupelles et servez.

Noix de Saint-Jacques aux tomates cerises

ÉNERGIE 135 Kcal/ personne

4 · 5 min · 10 min

16 noix de Saint-Jacques (500 g) • 250 g de tomates cerises • 3 cuil. à soupe de farine • 1 cuil. à soupe de fécule de maïs • 15 cl de vin blanc • 2 cuil. à soupe d'huile d'olive • 3 gousses d'ail • 1 branche de basilic • sel

❶ Pelez et hachez les gousses d'ail. Lavez, essuyez et effeuillez le basilic. Farinez les noix de Saint-Jacques, tapotez-les pour retirer l'excédent de farine. ❷ Dans une poêle antiadhésive, faites chauffer l'huile à feu moyen. Mettez-y à dorer les noix de Saint-Jacques environ 3 minutes en les retournant à mi-cuisson. Retirez-les et réservez-les. ❸ Dans la même poêle, faites revenir l'ail haché pendant 1 minute. Ajoutez les tomates cerises et faites-les cuire 4 minutes. Salez. Incorporez enfin le vin blanc et le basilic. Amenez à ébullition et laissez cuire 1 minute. ❹ Dans une tasse, mélangez la fécule avec 1 cuillerée d'eau. Versez dans la poêle et laissez épaissir la sauce quelques secondes en remuant. ❺ Remettez les noix de Saint-Jacques dans la poêle, réduisez le feu et faites réchauffer 1 minute.

Œufs pochés sur lit de pois gourmands

ÉNERGIE 175 Kcal/personne

4 | 10 min | 10 min

4 œufs • 300 g de pois gourmands • 2 échalotes • 2 tomates • 3 cuil. à soupe d'huile d'olive • 1 cuil. à soupe de crème fraîche épaisse à 5 % de MG • 10 cl de vinaigre blanc • 1 cuil. à soupe de vinaigre de vin rouge • 20 g de parmesan en copeaux • 12 brins de ciboulette • 1 cuil. à café de gros sel • sel • poivre

❶ Portez à ébullition 2 litres d'eau non salée avec le vinaigre blanc. Cassez chaque œuf dans une louche et plongez celle-ci au fond de la casserole d'eau. Retournez la louche délicatement en laissant l'œuf dans l'eau frémissante. Faites de même avec les autres œufs. Laissez pocher 3 minutes sans faire bouillir. Retirez les œufs avec une écumoire et déposez-les dans un saladier contenant de l'eau froide. ❷ Lavez et équeutez les pois gourmands. Faites bouillir de l'eau dans une casserole, salez au gros sel, ajoutez les pois gourmands et laissez cuire 7 minutes. Égouttez-les et plongez-les dans l'eau glacée, égouttez-les à nouveau. ❸ Lavez et essuyez les tomates, détaillez-les en petits dés. Épluchez les échalotes, hachez-les et mettez-les dans une jatte, versez le vinaigre de vin, l'huile et la crème allégée en remuant, salez, poivrez. Ajoutez les pois gourmands, mélangez. ❹ Répartissez-les dans 4 assiettes, faites un creux au centre de chaque assiette et déposez-y 1 œuf. Parsemez de dés de tomates, de ciboulette ciselée et de copeaux de parmesan.

Omelette aux champignons et aux poivrons

ÉNERGIE 209 Kcal/personne

4 · 10 min · 15 min

1 poivron rouge • 1 poivron jaune • 300 g de champignons de Paris • 8 œufs • 4 cuil. à soupe de parmesan râpé • 2 cuil. à soupe d'huile d'olive • 2 cuil. à soupe de basilic ciselé, surgelé • sel • poivre

❶ Lavez et essuyez les poivrons et les champignons. Coupez les poivrons en lanières fines après avoir retiré les graines et les parties blanches. Émincez les champignons en lamelles. ❷ Faites revenir les poivrons dans l'huile environ 4 minutes à feu vif. Ajoutez les champignons et faites-les dorer 5 minutes à feu moyen. ❸ Dans un saladier, battez les œufs à la fourchette avec du sel et du poivre. Versez-les dans la poêle et faites cuire environ 2 minutes en remuant. ❹ Réduisez le feu, incorporez le parmesan râpé et le basilic. Couvrez et laissez cuire à feu doux encore 3 minutes jusqu'à ce que le dessus soit doré. Faites glisser sur un plat.

Papillotes de cabillaud au coulis de poivrons

ÉNERGIE 197 Kcal/personne

4 | 20 min | 10 min

4 pavés de cabillaud de 140 g chacun • 1 boîte moyenne de poivrons pelés • 60 g d'olives noires dénoyautées • 2 cuil. à soupe d'huile d'olive • sel • poivre du moulin

❶ Préchauffez le four à 210 °C (th. 7). Égouttez les poivrons, passez-les au mixeur pour obtenir un coulis. Salez et poivrez. ❷ Rincez les pavés de cabillaud, épongez-les sur du papier absorbant. Émincez finement les olives. ❸ Préparez 4 feuilles de papier sulfurisé. Enduisez légèrement le centre des carrés d'huile d'olive. Répartissez sur chaque feuille un peu de coulis de poivrons et déposez 1 pavé de cabillaud. Poivrez et ajoutez les olives émincées, versez le reste d'huile d'olive. ❹ Fermez hermétiquement les papillotes en repliant plusieurs fois le papier sulfurisé sans serrer. Enfournez pour environ 10 minutes.

Papillotes de poisson au fromage frais

ÉNERGIE 224 Kcal/ personne

4 · 15 min · 10 min

4 filets épais de cabillaud ou de lieu • 1 courgette • 2 carottes • 4 cuil. à café d'huile d'olive • 4 fromages Carré Frais® à 0 %, ail et fines herbes • 2 branches de persil • sel • poivre du moulin

❶ Préchauffez le four à 180 °C (th. 6). Pelez les carottes, lavez la courgette et émincez-les en julienne à l'aide d'un économe. Blanchissez-les 2 minutes à l'eau bouillante salée, puis rincez-les à l'eau glacée et égouttez-les. ❷ Lavez les filets de poisson et séchez-les avec du papier absorbant. Badigeonnez d'huile d'olive le centre de 4 feuilles de papier sulfurisé, posez sur chacune d'elles 1 filet de poisson et répartissez autour la julienne de légumes. Salez, poivrez et ajoutez 1 fromage frais et un filet d'huile d'olive. ❸ Fermez les papillotes en faisant plusieurs plis sur le dessus et liez les extrémités avec de la ficelle de cuisine. Posez les papillotes sur une plaque de cuisson et enfournez pour environ 10 minutes. ❹ Lavez, essuyez et effeuillez le persil. Ouvrez les papillotes et introduisez un peu de persil ciselé avant de servir.

Papillotes de saumon, aneth et sel de Guérande

ÉNERGIE 201 Kcal/ personne

4 · 5 min · 10 min

4 darnes de saumon de 150 g chacune • 4 rondelles de citron • 4 brins d'aneth • sel de Guérande • poivre

❶ Préchauffez le four à 210 °C (th. 7). ❷ Préparez 4 carrés de papier sulfurisé. Sur chacun, posez 1 darne de saumon, 1 rondelle de citron, 1 brin d'aneth, 1 pincée de sel de Guérande et donnez quelques tours de moulin à poivre. ❸ Refermez les papillotes et enfournez, à mi-hauteur, pour environ 10 minutes. Servez le saumon dans les papillotes.

Papillotes de saumon et tagliatelles de carottes

ÉNERGIE 290 Kcal/personne

4 — 10 min — 15 min

4 pavés de saumon de 150 g chacun, sans la peau • 4 carottes • ½ oignon • 20 g de beurre allégé • 2 cuil. à soupe de jus de citron • 3 branches de persil haché • sel • poivre du moulin

❶ Préchauffez le four à 220 °C (th. 7-8). Épluchez les carottes et taillez-les en julienne à l'aide d'un couteau Économe. Épluchez le demi-oignon et coupez-le en fines demi-rondelles. ❷ Faites cuire les légumes dans le compartiment inférieur d'un cuit-vapeur pendant 5 minutes environ. ❸ Préparez 4 carrés de papier sulfurisé de 30 cm. Rincez le poisson et essuyez-le. Salez-le et poivrez-le des 2 côtés. ❹ Posez 1 pavé de saumon au centre de chaque carré de papier. Répartissez les tagliatelles de carottes et les morceaux d'oignon sur le poisson. Parsemez de petits morceaux de beurre, arrosez de jus de citron et fermez les papillotes. ❺ Enfournez-les sur la plaque du four pour 10 minutes. Lavez, épongez, effeuillez le persil et hachez-le. À la sortie du four, entrouvrez les papillotes, parsemez-les de persil et servez.

Pizzas aux champignons, aubergines et courgettes

ÉNERGIE 356 Kcal/ personne

4 · 10 min · 30 min

2 courgettes • 1 petite aubergine • 200 g de champignons de Paris • 4 grandes pitas • 60 g de gruyère allégé finement râpé • 1 cuil. à soupe d'huile d'olive • 70 g de sauce tomate • 2 cuil. à café de thym • sel • poivre

❶ Préchauffez le four à 240 °C (th. 8). Lavez les courgettes et l'aubergine et émincez-les dans le sens de la longueur. Lavez et essuyez les champignons, émincez-les. ❷ Faites dorer les aubergines dans une poêle avec un peu d'huile d'olive, réservez, puis faites de même pour les courgettes et les champignons émincés. ❸ Étalez les pitas sur une plaque allant au four, recouvrez-les de sauce tomate. Parsemez-les de la moitié du fromage, puis répartissez les champignons, les émincés de courgette et d'aubergine. Saupoudrez de thym et du reste de gruyère. Salez, poivrez. ❹ Faites cuire à four très chaud environ 20 minutes jusqu'à ce que les pizzas soient dorées et croustillantes.

Pizzas express

ENERGIE 319 Kcal/ personne

4 15 min 25 min

3 courgettes • 200 g de champignons de Paris • 4 galettes de blé (tortillas) • 15 cl de sauce tomate • 80 g de gruyère râpé allégé • 4 cuil. à café de thym • 4 cuil. à café d'origan • 1 cuil. à soupe d'huile • sel • poivre

❶ Préchauffez le four à 240 °C (th. 8). Lavez et essuyez les courgettes et les champignons, émincez-les. Faites-les revenir dans un peu d'huile. Salez, poivrez. ❷ Disposez les galettes sur une plaque de cuisson garnie d'une feuille de papier sulfurisé. Mélangez la sauce tomate avec un peu d'origan et de thym. Étalez la sauce sur chaque galette. Parsemez-les de la moitié du fromage, puis répartissez dessus les champignons et les courgettes. ❸ Saupoudrez du reste de thym, d'origan et de gruyère râpé. Enfournez pour 10 à 15 minutes.

Servez ces pizzas accompagnées d'une salade verte.

Poisson au curry

ÉNERGIE 243 Kcal/personne

4 · 10 min · 10 min

800 g de filets de poisson blanc • 1 yaourt brassé à 0 % de MG • 2 oignons • 1 gousse d'ail • 1 cuil. à soupe d'huile d'olive • 2 cuil. à soupe de curry • 4 branches de coriandre • sel

❶ Lavez et essuyez la coriandre. Pelez l'ail et les oignons et hachez-les. Mélangez le yaourt avec la moitié du curry en poudre et un peu de sel. ❷ Coupez les filets de poisson en gros cubes. Roulez-les dans le reste de curry en poudre. ❸ Faites chauffer l'huile dans une sauteuse et faites-y blondir l'ail et l'oignon. Ajoutez ensuite le poisson. Mélangez sur le feu pendant 1 minute. Incorporez le yaourt au curry et laissez mijoter la préparation pendant 5 minutes. ❹ Retirez les morceaux de poisson de la sauteuse, déposez-les dans un plat. Mixez la sauce, versez-la sur le poisson et parsemez de coriandre ciselée.

Accompagnez ce poisson de dés de tomates et de riz basmati.

Poulet au citron et au cumin

ÉNERGIE 219 Kcal/ personne

4 10 min 20 min

4 escalopes de poulet • 3 carottes • 2 grosses gousses d'ail • le jus d'1 citron • 2 cuil. à café de cumin en poudre • 2 cuil. à soupe d'huile d'olive • 1 cuil. à soupe de coriandre hachée • 1 cuil. à soupe de persil haché • sel • poivre du moulin

❶ Pelez et émincez l'ail. Pelez les carottes, coupez-les en rondelles très fines. Détaillez les escalopes de poulet en lanières. ❷ Faites chauffer l'huile dans une sauteuse, ajoutez l'ail et saupoudrez de cumin. Faites revenir 1 à 2 minutes, puis intégrez les lanières de poulet et faites-les revenir pendant environ 2 minutes jusqu'à ce qu'elles dorent légèrement. ❸ Versez le jus de citron, baissez le feu, couvrez et laissez mijoter 2 à 3 minutes. Ajoutez les rondelles de carottes, le persil et la coriandre. ❹ Laissez encore mijoter une dizaine de minutes jusqu'à ce que les carottes et le poulet soient cuits. Salez et poivrez.

Poulet au lait de coco et aux champignons

ÉNERGIE 265 Kcal/personne

4 – 15 min – 15 min

400 g de blanc de poulet émincé • 350 g de champignons • 15 cl de lait de coco • 1 citron vert non traité • 1 cuil. à soupe de fécule • 1 cuil. à café de curry • 2 cuil. à soupe d'huile • 1 oignon • 5 gousses d'ail • 2 branches de basilic • sel

❶ Lavez et essuyez les champignons, émincez-les. Lavez et épongez le basilic, effeuillez-le. Lavez le citron vert, râpez le zeste, recueillez 1 cuillerée à soupe de jus. ❷ Dans un saladier, mélangez le lait de coco, le zeste et le jus de citron vert, le curry en poudre et la fécule. ❸ Épluchez et émincez l'oignon, pelez et hachez les gousses d'ail. Faites chauffer 1 cuillerée à soupe d'huile dans une poêle et faites-y revenir pendant 2 minutes l'oignon et l'ail. Ajoutez les champignons, faites sauter 4 minutes. ❹ Versez dans le saladier et mélangez avec la préparation au lait de coco. ❺ Versez 1 cuillerée d'huile dans la poêle, mettez-y le poulet et faites-le dorer 2 minutes. Salez légèrement. Intégrez alors le mélange au lait de coco. Couvrez et laissez frémir pendant 5 minutes. ❻ Parsemez de basilic ciselé, versez dans un plat creux et servez.

Poulet sauté à l'italienne

ÉNERGIE 224 Kcal/ personne

4 · 10 min · 12 min

500 g d'aiguillettes de poulet • 1 poivron rouge • 1 poivron vert • 2 courgettes • 2 gousses d'ail • 200 g de tomates cerises • 2 cuil. à soupe d'huile d'olive • 1 cuil. à café d'origan • 2 cuil. à café de vinaigre balsamique • sel • poivre du moulin

❶ Faites chauffer l'huile à feu moyen dans une poêle. Mettez-y les aiguillettes de poulet et faites-les revenir 4 minutes, salez, poivrez. Réservez. ❷ Lavez, épépinez les poivrons, retirez les peaux blanches et coupez-les en lamelles. Lavez les courgettes et taillez-les en rondelles. Épluchez et hachez les gousses d'ail. Lavez les tomates cerises et coupez-les en 2. ❸ Dans la même poêle, faites revenir les poivrons et les courgettes 4 minutes jusqu'à ce qu'ils soient tendres. Salez, poivrez, ajoutez l'ail, les tomates et l'origan, faites cuire 1 minute. ❹ Remettez le poulet dans la poêle. Versez le vinaigre, faites chauffer quelques secondes et servez.

Quiche sans pâte

ÉNERGIE 369 Kcal/ personne

4 · 5 min · 25 à 30 min

4 tranches de jambon • 125 g de farine • 3 œufs • 50 cl de lait écrémé • 25 cl de crème fraîche épaisse à 15 % de MG • 80 g de gruyère allégé • sel • poivre • noix muscade râpée

❶ Préchauffez le four à 180 °C (th. 6). Coupez le jambon en lanières. ❷ Dans un saladier, mélangez la farine, les œufs, le lait, la crème fraîche, les lanières de jambon et le gruyère. Ajoutez un peu de noix muscade râpée, du sel, du poivre. ❸ Chemisez un plat à tarte en porcelaine de papier sulfurisé et versez-y la préparation. Enfournez pour 25 à 30 minutes. Vérifiez la cuisson : la pointe d'un couteau doit ressortir sèche.

Dégustez cette quiche avec une salade de roquette ou de tomates.

Râbles de lapin au poivre vert

ENERGIE 172 Kcal/personne

4 · 5 min · 10 min · 20 min

4 râbles de lapin • 2 cuil. à soupe de moutarde au poivre vert • 1 citron vert • 2 cuil. à soupe d'huile d'olive • sel • poivre

❶ Pressez le citron vert. Mélangez la moutarde et le jus de citron vert. ❷ Enduisez les râbles de lapin de cette marinade et laissez reposer 10 minutes. ❸ Faites chauffer l'huile dans une sauteuse, mettez les râbles de lapin, faites-les cuire pendant 20 minutes, salez et poivrez à mi-cuisson.

Salade de tofu aux poivrons

ÉNERGIE 270 Kcal/ personne

4 — 10 min

500 g de tofu • ¼ de poivron vert • ¼ de poivron jaune • 1 cuil. à café de sauce soja • 1 cuil. à café de jus de citron • 3 cuil. à café de vinaigre de vin rouge • 2 cuil. à soupe d'huile de sésame • 3 feuilles de salade trévise • 1 cuil. à café de coriandre ciselée, surgelée • ½ cuil. à café de poudre de curry • poivre noir

❶ Coupez le tofu en petits dés. Lavez les poivrons, retirez les graines et les parties blanches. Coupez-les également en petits dés. Lavez et égouttez la salade, répartissez-la sur 4 assiettes. ❷ Préparez la vinaigrette en mélangeant dans un saladier le vinaigre, le jus de citron, l'huile, la sauce soja, du poivre et le curry. ❸ Mettez la coriandre, les dés de poivrons et de tofu dans la sauce. Mélangez et répartissez dans les assiettes.

Salade italienne

4 — 15 min

ÉNERGIE 117 Kcal/personne

200 g de roquette • 24 tomates cerises • 24 tomates séchées • 160 g de ricotta • 1 cuil. à soupe de vinaigre balsamique • 1 cuil. à soupe de vinaigre de vin rouge • 1 cuil. à soupe d'huile d'olive • 1 cuil. à soupe de jus de citron • 1 branche de basilic • sel • poivre du moulin

❶ Lavez et essorez la roquette. Lavez, épongez et effeuillez le basilic. ❷ Préparez la vinaigrette en mélangeant le vinaigre balsamique, le vinaigre de vin, l'huile d'olive, la moutarde et le jus de citron. ❸ Disposez la roquette dans un saladier, arrosez-la de vinaigrette, mélangez. Coupez les tomates cerises en 2 et ajoutez-les à la salade. ❹ Intégrez ensuite les tomates séchées, la ricotta émiettée et le basilic ciselé. Salez et poivrez. Mélangez et servez frais.

Saumon à La Vache qui rit®

ÉNERGIE 305 Kcal/ personne

4 10 min 20 min

4 pavés de saumon de 150 g chacun environ • 4 portions de fromage La Vache qui rit® • 2 cuil. à café d'herbes de Provence • sel • poivre

❶ Préchauffez le four à 180 °C (th. 6). Mélangez le fromage avec les herbes de Provence jusqu'à obtention d'une crème homogène. ❷ Salez et poivrez les pavés de saumon, pratiquez une incision sur toute la longueur de chaque pavé et remplissez l'entaille du mélange fromager. ❸ Enfournez pour 15 minutes, et prolongez la cuisson 5 minutes en mode gril.

Servez avec des haricots verts ou des épinards.

Saumon minute fondant

ÉNERGIE 224 Kcal/ personne

4 · 2 min · 10 min

4 tranches de saumon de 150 g environ chacune • 1 cuil. à soupe d'huile d'olive • 2 branches d'aneth • 2 cuil. à soupe d'herbes séchées pour poisson • sel

❶ Faites cuire les tranches de saumon pendant environ 3 minutes à feu moyen dans une poêle avec un peu d'eau. Retournez-les et laissez encore cuire 3 minutes. ❷ Éteignez le feu et couvrez pendant quelques minutes. ❸ Salez, arrosez d'un filet d'huile d'olive, saupoudrez d'aneth et d'herbes à poisson, couvrez pour bien diffuser les parfums.

Servez avec des haricots verts cuits et du céleri.

Sauté de poulet aux épices

ÉNERGIE 128 Kcal/personne

4 — 5 min — 5 min

4 escalopes de poulet de 130 g chacune environ • 1 cuil. à soupe d'huile d'olive • 2 cuil. à soupe de sauce soja • 2 cuil. à café de curcuma en poudre • 1 cuil. à café de paprika en poudre

❶ Détaillez les escalopes de poulet en petites lanières. ❷ Dans une sauteuse, faites-les revenir à feu doux dans l'huile d'olive pendant 2 à 3 minutes en ajoutant le curcuma, le paprika et la sauce soja. ❸ Laissez cuire 5 minutes à couvert et servez aussitôt.

Tajine de poulet aux citrons confits

ÉNERGIE 336 Kcal/ personne

4 15 min 35 min

600 g de filets de poulet • 6 citrons confits • 2 oignons • 2 gousses d'ail • 4 cuil. à soupe d'huile d'olive • 2 cuil. à soupe de cumin moulu • 100 g d'olives noires • 6 branches de coriandre • sel • poivre du moulin

❶ Épluchez et émincez l'ail et l'oignon. Détaillez les filets de poulet en lanières. Coupez les citrons confits en lamelles. ❷ Faites chauffer l'huile dans une cocotte, mettez-y l'ail et l'oignon, faites-les revenir, puis ajoutez le poulet et les citrons confits. ❸ Saupoudrez de cumin et versez 50 cl d'eau. Salez et poivrez. Laissez cuire à petit feu pendant environ 30 minutes, la sauce doit être sirupeuse. ❹ Disposez sur un plat de service, saupoudrez de feuilles de coriandre ciselées et décorez d'olives noires.

Servez avec des carottes au cumin et au paprika (voir recette page 100).

Tartare de thon

ENERGIE 283 Kcal/personne

4 · 15 min · 1 h

3 darnes de thon • 5 échalotes • 2 citrons verts • 2 citrons jaunes • 4 cuil. à soupe d'huile d'olive • 1 botte de coriandre • 2 cuil. à soupe de graines de coriandre • sel • poivre

❶ Rincez et essuyez les darnes de thon. Retirez les arêtes et la peau. Détaillez-les en petits dés. Pelez et hachez les échalotes. Hachez la coriandre. Pressez les citrons. Écrasez les graines de coriandre au pilon. ❷ Mélangez tous les ingrédients dans un saladier. Recouvrez-le d'un film alimentaire et laissez mariner au réfrigérateur pendant au moins 1 heure. ❸ Répartissez le tartare dans des coupelles et servez bien frais.

Wok de crevettes au coulis de poivrons

ÉNERGIE 242 Kcal/personne

4 — 10 min — 10 min

600 g de crevettes roses décortiquées • 2 poivrons rouges • 1 poivron vert • 1 oignon • 1 cuil. à soupe d'huile d'olive • 10 cl de lait de coco • sel • poivre

❶ Lavez les poivrons, ouvrez-les, retirez les graines et les parties blanches, coupez-les en lanières. Pelez l'oignon. Mixez les poivrons et l'oignon. Réservez. ❷ Dans un wok, faites revenir pendant 3 minutes les crevettes dans un peu d'huile d'olive. Versez le coulis de poivrons, laissez cuire 5 minutes. ❸ Ajoutez le lait de coco, salez, poivrez et continuez la cuisson pendant 5 minutes. Répartissez dans 4 assiettes creuses et servez aussitôt.

Wok de poulet à la mangue

ÉNERGIE 306 Kcal/personne

4 · 10 min · 15 min

600 g de blancs de poulet • 2 mangues moyennes • 100 g de pousses d'épinards • 80 g de germes de soja • 1 cuil. à soupe d'huile d'arachide • 1 cuil. à café d'huile de sésame • 1 gousse d'ail • 1 cuil. à soupe de miel • 1 cuil. à soupe de gingembre frais râpé • 1 cuil. à café de fécule de maïs • 12,5 cl de bouillon de volaille • 2 ciboules • 1 bouquet de coriandre

❶ Détaillez les blancs de poulet en tranches épaisses. Faites chauffer l'huile d'arachide dans un wok et faites-y sauter le poulet par petites quantités jusqu'à ce qu'il soit légèrement doré. ❷ Pelez l'ail, émincez-le et ajoutez-le dans le wok avec le gingembre râpé. ❸ Dans un bol, mélangez le miel avec la fécule, le bouillon de volaille et l'huile de sésame, versez ce mélange dans le wok, prolongez la cuisson jusqu'à ce que la sauce épaississe. ❹ Épluchez les mangues et coupez-les en tranches épaisses, émincez la ciboule, intégrez-les dans le wok, faites cuire quelques minutes encore. ❺ Disposez les pousses d'épinards et les germes de soja dans un plat de service, versez le poulet sauté, parsemez de coriandre ciselée et servez.

Caponata de légumes au thym

ÉNERGIE 67 Kcal/ personne

4 · 15 min · 15 min

1 aubergine • ½ poivron rouge • ½ poivron jaune • 1 courgette • 1 branche de céleri • 1 petit oignon blanc • 1 carotte • 2 cuil. à soupe d'huile d'olive • thym • sel • poivre

❶ Lavez l'aubergine, les poivrons, la courgette et le céleri. Hachez l'oignon et faites-le cuire lentement dans une casserole à l'étouffée avec l'huile d'olive. ❷ Retirez les graines et les membranes blanches des poivrons, coupez-les en morceaux, ajoutez-les à l'oignon et laissez cuire. ❸ Détaillez le céleri et la carotte en petits dés et mettez-les dans la casserole avec l'oignon et le poivron. Coupez l'aubergine en 4, enlevez la partie centrale avec les graines, détaillez la chair en dés et intégrez-les également. Salez et poivrez, couvrez et laissez cuire 5 minutes. ❹ Taillez la courgette en dés et ajoutez-les enfin, puis prolongez la cuisson de 5 minutes. ❺ Assaisonnez, saupoudrez d'un peu de thym. Servez dans des ramequins.

Carottes au cumin et au paprika

ÉNERGIE 92 Kcal/ personne

4 | 15 min | 30 min

1 kg de carottes • 20 g de beurre allégé • 1 cube de bouillon de légumes • 1 cuil. à café de cumin moulu • 1 cuil. à café de paprika • ½ bouquet de persil • sel • poivre du moulin

❶ Pelez les carottes et coupez-les en rondelles. Faites-les cuire 20 minutes dans une casserole avec 1 litre d'eau et le cube de bouillon de légumes. ❷ Égouttez-les et faites-les revenir dans une poêle avec le beurre pendant 1 à 2 minutes. ❸ Lavez, essuyez et hachez le persil. Ajoutez le cumin, le paprika, le persil haché, du sel et du poivre dans la poêle. Remuez et laissez cuire 5 minutes supplémentaires.

Champignons farcis

4   5 min   25 min

ÉNERGIE 82 Kcal/ personne

12 chapeaux de gros champignons de Paris • 1 oignon • 1 carotte • 1 poivron rouge • 3 gousses d'ail • 2 cuil. à soupe d'huile d'olive • 10 cl de bouillon de volaille • 3 cuil. à soupe de parmesan râpé • 2 cuil. à soupe de persil haché • ½ cuil. à café de thym

❶ Préchauffez le four à 200 °C (th. 7). Épluchez les gousses d'ail et l'oignon. Pelez la carotte. Lavez, épépinez le poivron, retirez les parties blanches. Hachez menu la carotte et le poivron rouge. Hachez finement l'oignon et l'ail. ❷ Plongez les têtes de champignons pendant 2 minutes dans de l'eau bouillante. Égouttez-les sur du papier absorbant. ❸ Dans une grande poêle, faites chauffer l'huile à feu moyen. Faites-y revenir l'oignon et l'ail pendant environ 5 minutes, ajoutez la carotte et le poivron, laissez cuire 4 minutes, puis intégrez le thym, versez le bouillon et poursuivez la cuisson encore 4 minutes. ❹ Hors du feu, incorporez le persil et le parmesan. Répartissez cette préparation dans les chapeaux des champignons. Mettez-les sur une plaque et enfournez pour 10 minutes.

Chou rouge aux pommes

ENERGIE 124 Kcal/ personne

4 · 10 min · 15 min

1 gros chou rouge ou 2 petits • 4 pommes • 2 cuil. à soupe de vinaigre de cidre • 1 cuil. à café de cumin • sel

❶ Lavez le chou, coupez-le en 2, puis en fines lanières, mettez-le dans une cocotte. ❷ Lavez et pelez les pommes, émincez-les, ajoutez-les au chou rouge. Mélangez. ❸ Versez le vinaigre, 8 cl d'eau, un peu de sel et le cumin. Faites cuire doucement à couvert pendant environ 15 minutes.

Courgettes à l'ail, au persil et au citron

ÉNERGIE 67 Kcal/ personne

4 — 5 min — 8 min

4 courgettes (600 g) • 2 cuil. à soupe d'huile d'olive • 2 cuil. à soupe de jus de citron • 1 cuil. à soupe d'ail haché, surgelé • 2 cuil. à soupe de persil haché, surgelé • sel

❶ Coupez les courgettes en 2 dans le sens de la longueur, puis recoupez-les en demi-rondelles biaisées d'1 cm d'épaisseur. ❷ Dans une poêle antiadhésive, faites chauffer l'huile. Mettez-y les courgettes et faites-les sauter pendant 3 minutes. Ajoutez l'ail. Prolongez la cuisson de 5 minutes en veillant à garder les courgettes encore un peu croquantes. ❸ Retirez du feu. Salez. Incorporez le persil et le jus de citron. Mélangez, salez. Servez chaud.

Courgettes au curry

ÉNERGIE 120 Kcal/personne

4 · 10 min · 15 min

4 courgettes (600 g) • 2 oignons • 2 gousses d'ail • 4 cuil. à soupe d'huile d'olive • 20 cl de lait de coco (une petite brique) • 3 cuil. à café de curry • sel • poivre

❶ Épluchez et émincez les oignons et l'ail. Lavez les courgettes et coupez-les en 2 dans le sens de la longueur, puis recoupez-les en petits dés. ❷ Faites chauffer l'huile dans une poêle ou un wok, ajoutez les oignons et l'ail. Laissez fondre à feu doux pendant 2 minutes. ❸ Ajoutez les courgettes, laissez cuire 5 à 8 minutes, jusqu'à ce qu'elles soient tendres, puis incorporez le curry et le lait de coco. Assaisonnez, mélangez bien et laissez cuire encore 5 minutes.

Légumes sautés aux algues

ÉNERGIE 68 Kcal/ personne

4 · 20 min · 10 min

1 tranche de courge • 1 courgette • 4 côtes de bettes • 1 échalote • 2 carottes • 2 cuil. à soupe d'huile de tournesol • 2 cuil. à café d'algues hijiki • 2 cuil. à café d'algues aramé • 4 cuil. à soupe de sauce soja

❶ Pelez et hachez l'échalote. Pelez les carottes, coupez-les en dés ainsi que la courgette. Détaillez la tranche de courge en lanières. ❷ Faites chauffer l'huile à feu doux dans un wok. Mettez-y l'échalote hachée, les carottes, la courgette et les bettes. Assaisonnez avec la sauce soja. ❸ Faites ramollir les algues pendant 5 minutes dans de l'eau. Ajoutez-les aux légumes sautés. Remuez et servez chaud.

Purée de carottes et panais à l'orange

ÉNERGIE 35 Kcal/ personne

4 · 10 min · 20 min

4 carottes • 2 panais • 30 g de beurre allégé • 1 orange non traitée • sel

❶ Râpez le zeste de l'orange pour en recueillir environ 1 cuillerée à soupe. ❷ Épluchez et hachez grossièrement les carottes et les panais. Mettez-les dans une casserole. Couvrez-les d'eau. Salez. Laissez mijoter environ 20 minutes à découvert jusqu'à ce que les légumes soient bien tendres et qu'une grande partie du liquide se soit évaporée. ❸ Égouttez les légumes et passez-les au mixeur. Incorporez le beurre et le zeste d'orange, mélangez pour obtenir une purée onctueuse.

Servez cette purée avec un poisson grillé ou un rôti de veau.

Purée de courgettes au fromage

ÉNERGIE 134 Kcal/personne

4 · 10 min · 10 min

6 courgettes • 120 g de comté • 2 gousses d'ail • 1 branche de basilic • sel • poivre du moulin

❶ Épluchez les gousses d'ail, retirez les germes. Lavez et essuyez le basilic, effeuillez-le. Épluchez les courgettes et coupez-les en rondelles. ❷ Faites-les cuire dans de l'eau salée avec les gousses d'ail dégermées pendant environ 10 minutes. Égouttez-les bien. ❸ Versez-les dans le mixeur avec les gousses d'ail, ajoutez un peu de sel, de poivre, les feuilles de basilic et le fromage râpé. Mixez le tout et servez bien chaud.

Servez avec une viande ou un poisson.

Purée de pommes de terre et courgettes aux herbes

ÉNERGIE 117 Kcal/personne

4 · 15 min · 25 min

500 g de pommes de terre • 500 g de courgettes • 3 gousses d'ail • 50 g de beurre allégé • 1 cuil. à café de cerfeuil haché • 1 cuil. à café de ciboulette hachée • 1 cuil. à café de persil haché • sel • poivre

❶ Épluchez les pommes de terre et les courgettes et coupez-les en morceaux. Mettez les légumes dans une casserole, couvrez-les d'eau, salez. ❷ Épluchez les gousses d'ail, dégermez-les, ajoutez-les dans la casserole et faites cuire pendant 20 minutes. Égouttez et écrasez le tout au presse-purée ou à la fourchette. ❸ Transférez la purée dans une casserole et faites-la éventuellement dessécher à feu doux pendant quelques minutes en tournant sans arrêt sans la laisser attacher. ❹ Incorporez le beurre, le persil, la ciboulette et le cerfeuil haché, assaisonnez, mélangez bien et servez.

Purée de pommes et de brocolis

ÉNERGIE 119 Kcal/personne

4 — 10 min — 10 min

3 pommes golden • 700 g de brocolis • 10 cl de lait de soja • 1 cuil. à soupe d'huile d'olive • sel • poivre du moulin

❶ Pelez, épépinez et émincez finement les pommes. Séparez les brocolis en petits bouquets. ❷ Faites cuire à l'eau bouillante les brocolis et les pommes émincées pendant 10 minutes. ❸ Égouttez, salez, poivrez. Incorporez le lait de soja et l'huile et passez le tout au mixeur.

Servez cette purée avec un poisson.

Riz aux légumes

ÉNERGIE 139 Kcal/ personne

4 — 15 min — 15 min

2 carottes • 1 poivron rouge • 2 bulbes de ciboules • 1 champignon shiitaké • ½ cœur de chou chinois • 200 g de riz blanc long, cuit et froid • 1 cuil. à soupe d'huile de sésame • 2 cuil. à soupe d'huile d'olive • 2 cuil. à soupe de sauce soja • 3 cuil. à soupe de bouillon de volaille dégraissé • 1 gousse d'ail • 1 cuil. à soupe de gingembre frais haché • sel

❶ Lavez les légumes. Pelez les carottes, détaillez-les en allumettes. Retirez les graines et les parties blanches du poivron, hachez-le grossièrement. Émincez les bulbes de ciboules en gardant la partie verte pour le décor. Pelez et hachez l'ail. Coupez le pied du shiitaké et détaillez le champignon en 4 morceaux. ❷ Mélangez dans un bol le bouillon de légumes, la sauce soja et l'huile de sésame. ❸ Dans un wok ou une poêle antiadhésive, faites chauffer l'huile d'olive, ajoutez les carottes, le poivron, les ciboules et le gingembre. Laissez cuire environ 5 minutes en remuant jusqu'à ce que les légumes soient tendres. ❹ Intégrez le champignon et l'ail, laissez cuire encore 5 minutes en remuant de temps en temps, puis ajoutez le chou, salez et poursuivez la cuisson 3 minutes en remuant jusqu'à ce que le chou soit tendre. ❺ Intégrez enfin le riz cuit et le mélange de sauce soja. Laissez cuire encore 5 minutes en mélangeant. Hachez la partie verte des ciboules, parsemez-en le riz et servez.

Tagliatelles de courgettes grillées

ÉNERGIE 106 Kcal/personne

4 · 10 min · 5 min

4 courgettes de taille moyenne • 4 cuil. à soupe d'huile d'olive • 2 cuil. à soupe de vinaigre balsamique • 2 branches de basilic • sel • poivre du moulin

❶ Préchauffez le gril du four. Huilez légèrement un plat à gratin. Lavez, essuyez et effeuillez le basilic. ❷ Lavez les courgettes sans les éplucher. Découpez-les en lamelles de 5 mm d'épaisseur dans la longueur. Mettez-les dans le plat et badigeonnez-les d'huile d'olive. Salez et poivrez. ❸ Faites griller les courgettes 5 minutes au four, jusqu'à ce qu'elles soient tendres. ❹ Avant de servir, arrosez-les de vinaigre balsamique et parsemez de basilic ciselé.

Tomates provençales

4 — 10 min — 10 min

ÉNERGIE 25 Kcal/ personne

4 tomates • 4 gousses d'ail • 1 bouquet de persil plat • 4 biscottes • 2 cuil. à soupe d'herbes de Provence • sel • poivre

❶ Préchauffez le four à 180 °C (th. 6). Pelez les gousses d'ail et retirez le germe. Hachez l'ail et le persil. ❷ Écrasez la biscotte, ajoutez-la au mélange ail et persil haché, avec un peu de sel et de poivre et les herbes de Provence. ❸ Coupez les tomates en 2 transversalement, badigeonnez-les d'huile d'olive, saupoudrez-les de hachis aux herbes et enfournez-les pour 10 minutes.

Sauce au raifort

ÉNERGIE 24 Kcal/ personne

4 · 15 min · 5 min

25 cl de bouillon de viande dégraissé • 1 cuil. à soupe de raifort râpé • 1 cuil. à soupe de fécule de maïs • 2 cuil. à soupe de lait écrémé en poudre • sel • poivre

❶ Mélangez à froid le lait en poudre avec 2 cuillerées à soupe d'eau. Délayez la fécule de maïs avec le bouillon de viande. ❷ Versez les 2 liquides dans une casserole et faites chauffer à feu doux jusqu'à épaississement pendant environ 5 minutes. ❸ Salez, poivrez et ajoutez le raifort râpé.

Cette sauce accompagne aussi bien des viandes que des poissons.

Sauce aux anchois

ÉNERGIE 31 Kcal/ personne

4 — 5 min

4 filets d'anchois à l'huile • 1 cuil. à café de moutarde • ½ citron • 1 yaourt nature • 2 gousses d'ail • poivre

❶ Pressez le demi-citron. Pelez les gousses d'ail. ❷ Égouttez les filets d'anchois, pilez-les avec l'ail. Ajoutez le jus de citron, la moutarde et le yaourt. Poivrez et mélangez.

Servez cette sauce avec du poisson ou de la viande froide.

Sauce aux échalotes

ÉNERGIE 43 Kcal/ personne

4 — 5 min — 5 min

5 échalotes • 1 jaune d'œuf • 3 cuil. à soupe de vinaigre de vin • 1 verre de bouillon de volaille dégraissé • 1 verre de vin blanc • 1 cuil. à soupe de moutarde • sel • poivre

❶ Pelez et hachez finement les échalotes. Mettez-les dans une casserole avec le bouillon, le vin blanc et le vinaigre. Portez à ébullition, laissez réduire aux ⅔. ❷ Dans un bol, mélangez le jaune d'œuf avec la moutarde, un peu de sel et de poivre. ❸ Versez peu à peu la réduction d'échalotes dans le bol. Réchauffez la sauce au bain-marie.

Utilisez cette sauce pour des viandes rouges.

Sauce tomate

ÉNERGIE 53 Kcal/ personne

4 5 min 15 min

500 g de tomates • 1 cuil. à soupe de concentré de tomates • 1 oignon • 4 gousses d'ail • 1 feuille de laurier • 2 cuil. à soupe de jus de citron • sel • poivre

❶ Pelez et émincez ail et oignon. Ébouillantez les tomates, pelez-les et coupez-les en morceaux. ❷ Faites cuire les tomates, l'oignon et l'ail, la feuille de laurier et le concentré de tomates à feu doux pendant environ 15 minutes. ❸ Passez la sauce au tamis. Salez, poivrez, ajoutez le jus de citron.

Servez cette sauce avec des œufs pochés, des légumes cuits, des abats.

Sauce béarnaise

ÉNERGIE 59 Kcal/ personne

8 · 10 min · 10 min

3 jaunes d'œufs • 5 échalotes • 3 cuil. à soupe de vin blanc • 3 cuil. à soupe de vinaigre • 1 cuil. à soupe d'estragon haché • 1 cuil. à soupe de basilic haché • 200 g de fromage blanc à 0 % de MG • sel • poivre

❶ Pelez et émincez les échalotes, mettez-les dans une casserole, ajoutez le vin blanc et le vinaigre. Portez à ébullition et laissez légèrement réduire. ❷ Placez la casserole au bain-marie et battez le liquide en incorporant les jaunes d'œufs jusqu'à obtention d'une masse épaisse. ❸ Salez, poivrez, intégrez l'estragon et le basilic hachés. ❹ Hors du feu, ajoutez peu à peu le fromage blanc. Servez la sauce tiède ou froide.

La béarnaise est idéale sur des viandes grillées, des poissons, une fondue bourguignonne.

Sauce Béchamel

ÉNERGIE 86 Kcal/ personne

4 · 10 min · 5 min

50 g de farine • 50 cl de lait écrémé • 2 pincées de noix muscade râpée • sel • poivre

❶ Délayez à froid la farine tamisée avec très peu de lait jusqu'à obtention d'un liquide épais. ❷ Faites chauffer le reste du lait. Hors du feu, incorporez le mélange farine/lait froid. Mélangez bien. ❸ Salez et poivrez, puis remettez à chauffer sur feu doux pour faire épaissir en remuant sans arrêt. Ajoutez la noix muscade râpée.

Servez avec des légumes chauds, des poissons pochés, des viandes blanches.

Sauce citronnée au thym

ÉNERGIE 35 Kcal/personne

4 — 5 min

150 g de cottage cheese • 1 cuil. à café de jus de citron • 2 cuil. à soupe de lait écrémé • 1 branche de persil • 1 branche de basilic • ½ cuil. à café de thym

❶ Lavez, épongez et hachez le persil et le basilic. ❷ Fouettez le cottage cheese dans un petit saladier en incorporant le thym, le jus de citron, le lait écrémé et les herbes hachées. Réservez au frais.

Cette sauce accompagnera du poisson, des légumes ou des pommes de terre au four.

Sauce au fromage blanc et fines herbes

ÉNERGIE 105 Kcal/ personne

4 5 min

500 g de fromage blanc à 3,4 % de MG sur produit fini • 3 échalotes • 2 gousses d'ail • 2 branches de persil • 2 cuil. à soupe de ciboulette ciselée, surgelée • sel • poivre

❶ Lavez, épongez et effeuillez le persil. Pelez les échalotes et l'ail. Hachez-les avec le persil. ❷ Mettez le fromage blanc dans un saladier. Ajoutez un peu de sel, de poivre, le hachis d'échalotes, d'ail et de persil, puis la ciboulette ciselée. Mélangez. Réservez au frais.

Servez avec des légumes ou des pommes de terre vapeur.

Sauce grelette

ÉNERGIE 42 Kcal/personne

4 · 10 min

4 tomates fraîches • 100 g de fromage blanc à 0 % de MG • ½ citron • 4 échalotes • sel • poivre

❶ Pressez le demi-citron. Plongez les tomates dans de l'eau bouillante pendant 1 minute. Pelez-les et épépinez-les. Pelez et hachez les échalotes. ❷ Mixez les tomates avec le fromage blanc. Ajoutez le jus de citron, les échalotes. Salez et poivrez. Servez très frais.

Préparez cette sauce pour des poissons, des crudités.

Sauce mayonnaise mousseline

ÉNERGIE 36 Kcal/personne

4 · 10 min

1 jaune d'œuf cuit dur • 1 blanc d'œuf cru • 1 petit-suisse à 20 % de MG • 1 cuil. à café de moutarde • 1 cuil. à café de vinaigre • 1 cuil. à café de paprika • 2 branches de persil • sel • poivre

❶ Lavez et épongez le persil, hachez-le. ❷ Écrasez le jaune d'œuf avec la moutarde. Ajoutez le petit-suisse et le vinaigre, un peu de sel, de poivre, le paprika et le persil haché. ❸ Battez le blanc d'œuf en neige ferme, incorporez-le délicatement. Servez frais.

Sauce moutarde

ÉNERGIE 66 Kcal/personne

4 10 min 10 min

1 cuil. à soupe de farine • 25 cl de lait écrémé • 120 g de fromage blanc à 20 % de MG • 2 cuil. à soupe bombées de moutarde • 1 citron • sel

❶ Pressez le citron. Délayez la farine avec 12 cl d'eau froide dans une casserole. Portez à ébullition et laissez épaissir en remuant. ❷ Ajoutez peu à peu le lait et le fromage blanc en battant au fouet. ❸ Laissez cuire 5 minutes environ, puis incorporez la moutarde, un peu de sel et le jus de citron.

Utilisez cette sauce pour des viandes rouges, des abats, des poissons grillés ou pochés.

Sauce verte

4 · 10 min

ÉNERGIE 61 Kcal/personne

1 botte de persil • 1 botte de ciboulette • 1 botte de cerfeuil • 1 botte d'aneth • 1 botte d'estragon • 1 botte de basilic • ½ botte de cresson • 1 petit oignon • 15 cl de crème fraîche à 15 % de MG • 125 g de fromage blanc à 0 % de MG • sel • poivre

❶ Lavez et séchez le persil, la ciboulette, le cerfeuil, l'aneth, l'estragon, le basilic et le cresson. Pelez l'oignon. ❷ Hachez toutes les herbes et l'oignon, puis mixez-les avec la crème fraîche et le fromage blanc. Salez et poivrez. Réservez au frais.

Servez avec une mousse de saumon, de la viande froide ou des œufs durs.

Sauce vinaigrette

4 5 min

ÉNERGIE 51 Kcal/ personne

2 cuil. à café de moutarde • 2 cuil. à soupe d'huile d'olive • 2 cuil. à soupe de vinaigre • sel • poivre

❶ Dans un bol, mélangez la moutarde, le vinaigre et 2 cuillerées à soupe d'eau, un peu de sel et de poivre.
❷ Versez l'huile en fouettant.

Ajoutez des herbes : persil, estragon, ciboulette…

Compote de fruits d'hiver

ÉNERGIE 115 Kcal/personne

4 · 10 min · 15 min

2 oranges • 2 pommes • 1 banane • 2 poires • 1 pincée de cannelle

❶ Pelez tous les fruits, coupez-les en petits morceaux. ❷ Mettez-les dans une grande casserole, saupoudrez de cannelle et laissez mijoter à feu doux en mélangeant de temps en temps, environ 15 minutes. ❸ Mixez le tout et répartissez la compote dans des coupelles. Servez frais.

Compote de poires à la vanille

ÉNERGIE 125 Kcal/personne

4 · 10 min · 15 min

1 kg de poires (Conférence ou Louise Bonne) • 1 gousse de vanille

❶ Épluchez les poires, retirez le cœur et les pépins, coupez-les en quartiers. ❷ Mettez-les à compoter dans une casserole avec 1 verre d'eau et la gousse de vanille fendue et grattée. Laissez cuire 15 minutes sur feu doux. ❸ Retirez la gousse de vanille, mixez les poires, servez tiède ou froid dans des verrines.

Compote de pommes à la cannelle

ENERGIE 92 Kcal/ personne

4 · 10 min · 20 min

5 pommes • le jus d'1 citron • 1 cuil. à café de cannelle

❶ Épluchez les pommes, retirez le cœur et les pépins et coupez-les en dés. ❷ Déposez-les dans une casserole, arrosez-les de jus de citron, ajoutez la cannelle et 5 cl d'eau. Remuez bien, couvrez, et laissez cuire doucement pendant 20 minutes. ❸ Mixez le tout. Servez la compote tiède ou froide dans des verrines.

Crèmes à la vanille

ÉNERGIE 178 Kcal/ personne

4 · 15 min · 10 min · 1 h

50 cl de lait écrémé • 3 jaunes d'œufs • 3 cuil. à soupe de sirop d'agave • 1 cuil. à soupe de fécule de maïs • 1 gousse de vanille

❶ Versez le lait dans une casserole. Fendez la gousse de vanille en 2 dans sa longueur, grattez l'intérieur pour récupérer les graines. Mettez-les dans le lait et amenez à frémissement. ❷ Versez les jaunes d'œufs dans un saladier et fouettez énergiquement. Ajoutez alors peu à peu la fécule, sans cesser de battre. ❸ Versez une partie du lait chaud sur les œufs en fouettant vivement. Transvasez cette préparation dans la casserole et faites épaissir sur feu doux sans cesser de remuer jusqu'à obtention de l'épaississement souhaité (la crème ne doit pas bouillir). ❹ Retirez la casserole du feu et immergez le fond dans de l'eau froide pour stopper la cuisson. Remuez de temps en temps. ❺ Laissez refroidir puis incorporez le sirop d'agave, mélangez. Versez la crème dans des ramequins. Placez-les au réfrigérateur au moins 1 heure.

Crèmes au citron

ÉNERGIE 311 Kcal/personne

4 · 10 min · 15 min · 1 h

1 gros citron bio • 75 cl de lait écrémé • 1 cuil. à soupe de farine • 3 jaunes d'œufs • 50 g de poudre d'amandes • 5 cuil. à soupe de sirop d'agave

❶ Lavez le citron et râpez-en le zeste, pressez le fruit. Mettez le lait à bouillir avec les zestes râpés. ❷ Fouettez la farine avec les jaunes d'œufs dans un saladier, puis ajoutez le sirop d'agave, la poudre d'amandes et le jus de citron. Délayez avec 3 cuillerées à soupe de lait chaud. ❸ Retirez le lait du feu et versez dedans la crème au citron en mélangeant, remettez sur le feu et remuez pour épaissir le mélange. ❹ Versez la crème dans des ramequins, laissez refroidir et placez au réfrigérateur au moins 1 heure.

Crèmes de mangue

ÉNERGIE 84 Kcal/ personne

4 · 10 min

4 mangues • 1,5 citron vert

❶ Pelez et dénoyautez les mangues. Pressez 1 citron vert. Mixez les mangues, ajoutez le jus de citron vert. ❷ Répartissez la crème dans 4 verrines. ❸ Coupez dans le demi-citron vert restant 2 fines rondelles, puis recoupez-les en 2. Décorez chaque verrine d'1 demi-rondelle de citron vert.

Crèmes de yaourt aux mûres

ÉNERGIE 144 Kcal/ personne

4 · 15 min · 1 h

100 g de mûres • 2 nectarines • 500 g de yaourt nature à 0 % de MG • 2 cuil. à soupe de miel d'acacia

❶ Lavez les mûres, égouttez-les bien. Lavez les nectarines, coupez-les en fines lamelles. ❷ Mettez le yaourt dans un bol, ajoutez le miel d'acacia, fouettez jusqu'à obtention d'une crème lisse. ❸ Répartissez la crème de yaourt dans 4 coupes et décorez avec les mûres et les lamelles de nectarines. Placez au frais au moins 1 heure.

Crumble aux pommes

ÉNERGIE 206 Kcal/personne

4 — 5 min — 25 min

5 pommes (belle de Boskoop ou reinette de préférence) • 40 g de flocons d'avoine • 25 g de farine complète • 40 g de cassonade • 35 g de margarine allégée + 20 g pour le plat • 2 cuil. à soupe de jus de citron • cannelle

❶ Préchauffez le four à 180 °C (th. 6). Épluchez les pommes, coupez-les en petits morceaux. Disposez-les dans le fond d'un plat à gratin préalablement graissé. Arrosez-les de jus de citron et saupoudrez-les de cannelle. ❷ Mettez les flocons d'avoine dans un saladier, ajoutez la farine et la cassonade. Incorporez la margarine ramollie, malaxez du bout des doigts pour obtenir une pâte granuleuse. ❸ Étalez cette préparation sur les pommes. Enfournez pour 25 minutes environ jusqu'à coloration. Servez tiède.

Vous pouvez préparer ce dessert dans des ramequins individuels.

Entremets cannelle-coco

ÉNERGIE 171 Kcal/ personne

4 | 15 min | 10 min | 1 h

45 cl de lait de riz • 30 cl de crème de coco • 30 g d'édulcorant en poudre thermostable • 6 g d'agar-agar • ½ cuil. à café de cannelle moulue

❶ Versez l'agar-agar dans une casserole, délayez avec 10 cl de lait de riz. Ajoutez l'édulcorant en poudre, puis la cannelle moulue. Portez le tout à ébullition. Laissez frémir pendant environ 30 secondes tout en remuant. ❷ Retirez la casserole du feu et incorporez-y peu à peu le reste du lait de riz et la crème de coco. Mélangez bien et laissez refroidir. ❸ Quand la crème est prise, passez-la au mixeur jusqu'à obtention d'une préparation homogène. Répartissez-la dans des coupelles individuelles et mettez au frais pendant au moins 1 heure. Dégustez bien frais.

Glace à la fraise

4 — 5 min — 2 h

ÉNERGIE 148 Kcal/ personne

600 g de fraises congelées • 2 yaourts brassés à 0 % • 4 cuil. à soupe de sirop d'agave • 2 cuil. à soupe de crème fraîche épaisse à 15 % de MG • 2 cuil. à café d'extrait de vanille sans sucre

❶ Mettez les fraises congelées dans un mixeur qui broie les glaçons, ajoutez les yaourts brassés à 0 %, la crème fraîche, l'extrait de vanille, le sirop d'agave. ❷ Mixez le tout. Commencez par brèves impulsions, puis mixez jusqu'à obtention d'un mélange homogène. ❸ Servez immédiatement dans des coupes ou mettez au congélateur pendant 2 heures.

Gratins de nectarines

ÉNERGIE 246 Kcal/ personne

4 | 10 min | 10 min

4 jaunes d'œufs • 80 g de sucre • 4 nectarines • 50 g de pignons de pin • 10 g de beurre • 2 gousses de vanille • quelques feuilles de menthe

❶ Préchauffez le four en mode gril. Coupez les gousses de vanille en 2 dans le sens de la longueur. Séparez-les en 2 moitiés et raclez l'intérieur à l'aide de la lame d'un couteau pour en extraire les graines. ❷ Dans un bol, mettez les jaunes d'œufs, le sucre et les graines de vanille, mélangez bien. Faites cuire au bain-marie en continuant de bien remuer jusqu'à obtention d'une crème claire et onctueuse. ❸ Laissez ensuite refroidir cette préparation en mélangeant de temps en temps. Pour un refroidissement plus rapide, placez le fond du bol dans un bain d'eau glacée et continuez de battre le mélange. ❹ Graissez légèrement 4 ramequins. Lavez et séchez les nectarines. Coupez-les en 2, retirez les noyaux. Taillez chaque moitié en tranches. Répartissez ces tranches dans les ramequins. ❺ Versez la préparation sucre-œufs sur les fruits. Ajoutez les pignons de pin. ❻ Enfournez les gratins et faites gratiner 5 à 8 minutes. Décorez de quelques feuilles de menthe à la sortie du four. Servez chaud.

Gratins de pommes aux épices

ÉNERGIE 136 Kcal/personne

4 · 5 min · 20 à 25 min

4 belles pommes (Reinette ou Royal Gala) • 100 g de raisins secs • 1 cuil. à soupe de sucre • 2 citrons bio • 1 cuil. à soupe d'épices à pain d'épices ou de cinq-épices (muscade, cannelle, girofle, coriandre, fenouil)

❶ Préchauffez le four à 150 °C (th. 5). Râpez le zeste des citrons, pressez les fruits. Lavez les pommes, coupez-les en quartiers, puis en lamelles fines. ❷ Mettez-les dans un saladier, ajoutez les raisins secs, les épices, le jus et le zeste des citrons et 20 cl d'eau. ❸ Mélangez bien, puis répartissez dans 4 mini-cocottes ou 4 ramequins. Saupoudrez d'un peu de sucre. Enfournez pour 20 à 25 minutes. Servez tiède.

Macarons

ÉNERGIE 113 Kcal/personne

6 · 10 min · 15 min

100 g de poudre d'amandes • 15 cuil. à soupe d'édulcorant spécial cuisson • 2 blancs d'œufs

❶ Préchauffez le four à 180 °C (th. 6). Montez les blancs d'œufs en neige. ❷ Mélangez la poudre d'amandes avec l'édulcorant spécial cuisson. Incorporez délicatement cette préparation aux blancs d'œufs en neige. ❸ Tapissez la plaque de cuisson avec du papier sulfurisé. Disposez des petits tas de pâte sur la plaque, assez espacés. Aplatissez chaque tas avec un pinceau humecté d'eau. ❹ Enfournez pour 15 minutes. Laissez refroidir, décollez les macarons délicatement.

Melon aux fruits et au gingembre

ÉNERGIE 176 Kcal/personne

4 — 10 min

2 melons • 4 poires • 4 oranges • 2 yaourts nature à 0 % • 2 cuil. à café de sirop d'agave • 2 cuil. à soupe d'eau de fleur d'oranger • 1 cuil. à café de gingembre frais râpé

❶ Lavez les poires, coupez-les en 2 sans les peler. Retirez le trognon et détaillez la chair en petits dés. Pelez les oranges et retirez la peau des quartiers à l'aide d'un couteau. ❷ Coupez le melon en 2, retirez les pépins, creusez le fond afin de prélever environ 3 cuillerées à soupe de chair. ❸ Mixez la chair de melon avec les yaourts, ajoutez le sirop d'agave, aromatisez avec l'eau de fleur d'oranger et le gingembre râpé. ❹ Ajoutez les poires dans ce mélange et garnissez-en les melons. Décorez le dessus de petits quartiers d'orange.

Mousses à la noix de coco

ÉNERGIE 202 Kcal/ personne

4 · 20 min · 2 h

50 g de noix de coco râpée • 3 œufs • 25 cl de lait écrémé • 1 cuil. à café de fécule de maïs • 4 feuilles de gélatine • 25 g de fructose • sel

❶ Faites bouillir le lait avec la noix de coco. Mettez à tremper les feuilles de gélatine dans un peu d'eau tiède. ❷ Séparez les blancs des jaunes d'œufs. Fouettez les jaunes et la fécule de maïs. Incorporez le lait tiédi, puis les feuilles de gélatine ramollies. Mélangez bien et laissez refroidir. ❸ Montez les blancs d'œufs en neige avec une petite pincée de sel. Ajoutez le fructose. Incorporez délicatement à la préparation précédente. ❹ Versez dans 4 moules individuels et laissez prendre au réfrigérateur pendant 2 heures minimum.

Mousses à l'orange et aux framboises

ÉNERGIE 125 Kcal/personne

4 · 20 min · 5 min

2 œufs • 70 g de fructose • 1 cuil. à soupe rase de fécule de maïs • 1 grosse orange • 350 g de framboises

❶ Pressez l'orange, recueillez le jus dans un verre gradué. Mixez les framboises, passez-les au tamis pour recueillir le jus, ajoutez-le au jus d'orange. Vous devez obtenir 30 cl de liquide, rajoutez de l'eau si besoin. ❷ Séparez les jaunes des blancs d'œufs. Battez les jaunes avec le fructose jusqu'à ce que l'ensemble mousse. ❸ Délayez la fécule de maïs avec le jus de fruits, ajoutez au mélange œufs-fructose. ❹ Mettez sur le feu et faites chauffer la préparation sans cesser de remuer jusqu'au premier bouillon. Lorsque la crème nappe la cuillère, arrêtez la cuisson. Laissez refroidir. ❺ Montez les blancs d'œufs en neige ferme. Incorporez-les délicatement à la crème. Répartissez dans des coupelles et mettez au frais en attendant de servir.

Mousses de banane au citron vert

ÉNERGIE 176 Kcal/ personne

4 · 10 min

4 bananes • 4 blancs d'œufs • 70 g de fructose • 1 citron vert • sel

❶ Pressez le citron vert. Pelez les bananes, mixez-les avec le jus de citron vert et la moitié du fructose. ❷ Montez les blancs d'œufs en neige avec 1 pincée de sel, versez le reste du fructose petit à petit en continuant de battre. ❸ Incorporez délicatement les blancs en neige à la crème de banane. Répartissez dans 4 coupes et mettez au réfrigérateur jusqu'au moment de servir.

Mousses de framboises à l'huile essentielle de citron

ÉNERGIE 154 Kcal/ personne

4 · 15 min · 1 h

6 petits-suisses natures à 20 % de MG • 2 œufs + 2 blancs • 300 g de framboises en morceaux, surgelées • 2 cuil. à soupe de sucre brun • 2 gouttes d'huile essentielle de citron

❶ Faites décongeler les framboises. Écrasez-les à l'aide d'une fourchette, mettez-les dans une passoire ou un tamis pour récupérer la purée de framboises débarrassée des pépins. ❷ Séparez les blancs des jaunes d'œufs. Battez les 2 jaunes d'œufs avec le sucre brun jusqu'à obtention d'une crème lisse. Ajoutez les petits-suisses, l'huile essentielle de citron et la purée de framboises. Mélangez bien. ❸ Montez les blancs d'œufs en neige bien ferme. Incorporez-les délicatement à la crème de fruits. ❹ Répartissez dans des verrines, placez au frais pendant au moins 1 heure avant de déguster.

Mousses de fromage blanc aux framboises

ÉNERGIE 101 Kcal/ personne

4 · 10 min

300 g de fromage blanc à 0 % de MG • 2 blancs d'œufs • 30 g de sucre glace • 250 g de framboises • sel

❶ Mettez le fromage blanc dans un saladier. ❷ Fouettez les blancs d'œufs en neige ferme avec 1 pincée de sel. Ajoutez le sucre tout en continuant de fouetter. ❸ Incorporez délicatement les blancs en neige au fromage blanc. ❹ Répartissez dans 4 coupes à dessert et décorez de framboises. Servez bien frais.

Mousses de fromage blanc aux myrtilles et au citron vert

ÉNERGIE 168 Kcal/ personne

4 · 15 min · 20 min

200 g de myrtilles • 500 g de fromage blanc à 0 % de MG • 15 cl de lait écrémé • 70 g de fructose • 2 cuil. à soupe de jus de citron vert • 2 blancs d'œufs

❶ Lavez les myrtilles, égouttez-les bien. Fouettez le fromage blanc, le lait, le sucre et le jus de citron vert jusqu'à obtention d'une crème homogène. ❷ Réservez quelques myrtilles pour la décoration et réduisez les autres en purée à l'aide d'un mixeur. Mélangez la purée de myrtilles avec la crème au fromage blanc. ❸ Montez les blancs d'œufs en neige ferme. Incorporez-les délicatement à la préparation précédente. ❹ Répartissez la mousse dans 4 coupes à dessert. Mettez 20 minutes au frais et décorez des myrtilles restantes avant de servir.

Mousses de poires

ÉNERGIE 99 Kcal/ personne

4 · 10 min · 15 min · 1 h

800 g de poires • 2 blancs d'œufs • sel

❶ Pelez les poires, coupez-les en 4. Enlevez le cœur et les pépins. Coupez les quartiers en lamelles, mettez-les dans une casserole et ajoutez 1 verre d'eau. ❷ Placez la casserole couverte sur feu vif. Dès l'ébullition, réduisez le feu et laissez cuire 10 minutes. ❸ Pendant ce temps, battez les blancs d'œufs en neige ferme avec 1 pincée de sel. ❹ Lorsque les poires sont cuites, passez-les au mixeur. Laissez refroidir. Quand la compote est tout à fait froide, incorporez délicatement les blancs d'œufs en neige. ❺ Versez dans des coupes individuelles et placez 1 heure au réfrigérateur. Servez frais.

Papillotes de fruits

ÉNERGIE 67 Kcal/ personne

4 · 15 min · 15 min

1 pomme • 1 poire • 1 banane • 2 figues • 1 citron • 1 cuil. à soupe d'édulcorant spécial cuisson

❶ Préchauffez le four à 210 °C (th. 7). Pressez le citron. Versez le jus dans un saladier, ajoutez l'édulcorant. ❷ Lavez et pelez la pomme et la poire, coupez-les en dés. Pelez la banane, coupez-la en rondelles. Lavez et essuyez les figues, coupez-les en 4. Mettez les fruits dans le saladier, mélangez. ❸ Découpez 4 carrés de papier sulfurisé. Répartissez-y les fruits. Refermez les papillotes hermétiquement. Déposez-les dans un plat allant au four et enfournez pour 15 minutes. Laissez tiédir avant de servir.

Pommes fondantes à la cannelle

ÉNERGIE 71 Kcal/personne

4 · 2 min · 2 min

4 grosses pommes • 4 cuil. à café de cannelle

❶ Pelez les pommes et coupez-les en quartiers. Répartissez-les dans des ramequins allant au four à micro-ondes. Saupoudrez de cannelle. ❷ Recouvrez d'un film alimentaire et mettez au micro-ondes pendant environ 2 minutes à puissance maximale. Servez chaud ou tiède.

Dégustez avec du fromage blanc ou une boule de glace.

Salade de fruits exotiques

ÉNERGIE 167 Kcal/personne

4 · 15 min · 2 h

1 ananas • 2 kiwis • 3 bananes • 2 mangues • 4 citrons verts • 4 cuil. à soupe d'édulcorant en poudre à la vanille

❶ Pressez les citrons verts, versez le jus obtenu dans un saladier et ajoutez l'édulcorant en poudre à la vanille, mélangez. ❷ Épluchez l'ananas, retirez le cœur, coupez-le en tranches, puis en dés. Pelez les mangues, retirez le noyau, détaillez la pulpe en dés. Pelez les bananes, coupez-les en rondelles. Pelez les kiwis, coupez-les en tranches, puis en 2. ❸ Mettez tous les fruits dans le saladier et mélangez bien. ❹ Répartissez dans 4 coupes à dessert et mettez au frais pendant au moins 2 heures.

Salade d'oranges à la cannelle

ÉNERGIE 116 Kcal/ personne

4 · 10 min

6 oranges • 4 cuil. à soupe d'eau de fleur d'oranger • 1 cuil. à soupe de sirop d'agave • 1 cuil. à café de cannelle en poudre • 2 brins de menthe fraîche

❶ Pelez les oranges en enlevant les peaux blanches. Coupez-les en fines rondelles et épépinez-les. ❷ Mélangez l'eau de fleur d'oranger et le sirop d'agave. ❸ Disposez les rondelles d'oranges en rosace sur 4 assiettes à dessert. Arrosez du mélange fleur d'oranger-sirop d'agave, saupoudrez de cannelle en poudre. ❹ Disposez au centre de chaque assiette quelques feuilles de menthe.

Soufflés et compote de fruits rouges

ÉNERGIE 83 Kcal/ personne

4 · 10 min · 15 min

75 g de fruits rouges surgelés • 2 cuil. à soupe de jus d'orange • 2 cuil. à soupe de sucre en poudre • 2 œufs + 2 blancs • 4 cuil. à soupe de sucre glace

❶ Mélangez les fruits rouges, le jus d'orange et le sucre en poudre dans une casserole. Portez à ébullition, baissez le feu et laissez frémir 2 minutes à découvert. Réservez. ❷ Préchauffez le four à 180 °C (th. 6). Graissez légèrement 4 ramequins, saupoudrez légèrement l'intérieur de sucre en poudre. Placez les ramequins sur la grille du four. ❸ Séparez les blancs des jaunes d'œufs. Dans un saladier, fouettez les 2 jaunes avec 2 cuillerées à soupe de sucre glace. Montez les blancs en neige ferme, incorporez petit à petit le reste de sucre glace sans cesser de fouetter. ❹ Incorporez délicatement et en 2 fois les blancs en neige aux jaunes d'œufs sucrés. Répartissez cette préparation dans les ramequins et enfournez pour environ 12 minutes. ❺ Les soufflés doivent gonfler et dorer légèrement en surface. Servez-les accompagnés de la compote de fruits rouges.

Index des recettes

Les entrées

Les sandwichs

Les plats

Les accompagnements

Les sauces

Les desserts

Vous avez aimé ce livre ?
Vous aimerez aussi :

Également disponible dans la même collection :

- Les gratins en 130 recettes
- 130 recettes à moins de 2 euros
- Cookies, muffins & Co en 130 recettes
- Les meilleurs desserts d'antan en 110 recettes
- L'apéro en 140 recettes
- Tout le chocolat en 90 recettes
- Riz et risottos en 130 recettes
- Quiches, tartes et tatins en 100 recettes

Le Petit Livre de Cuisine – **2,99 €**

www.editionsfirst.fr